AP* Spanish

Preparing for the Language Examination

Third Edition

José M. Díaz

Margarita Leicher-Prieto

Gilda Nissenberg

PEARSON

Prentice
Hall

Source acknowledgements begin on page 124, which constitutes an extension of this copyright page.

ISBN 0-13-166095-0
3 5 6 7 8 9 10   10 09 08 07 06

Table of Contents

Consultants

Previous Editions:

Judith E. Liskin-Gasparro
Ángel Rubio
Raúl S. Rodríguez
Ana Goicoa Colbert
Marisol Maura

Third Edition:

María Elena Villalba, Foreign Language Department, Miami Palmetto Senior High School
Ann Mar, Alamo Heights High School, San Antonio, Texas
María Vázquez, World Languages Department, Millburn High School, Millburn, New Jersey

Join the *AP* Spanish* teacher community!

AP* Spanish: *Preparing for the Language Examination* has an online network of resources, links, up-to-date information on the AP* Exam, and more! You can go to the site to check for updates, to find additional activities, or to hear what your colleagues have to say. Just go to phschool.com and enter the web code in the box below.

The Teacher Support Web Site includes:

Go Online
PHSchool.com
For: Teacher Support
Web Code: jif-0001

- links to key web sites containing authentic audio and print materials
- links to other sites created by AP* Spanish teachers themselves
- picture sequences from the 2nd edition of *AP* Spanish*, to help students practice communicative skills
- the latest information on the AP* Spanish Language Exam
- opportunities for you to share tips, activities, and information with other teachers
- … and much more!

Join your colleagues for a collaborative experience that will equip you with everything you need to prepare your students for the AP* Spanish Language Examination!

To the Teacher

About the AP* Spanish Language Exam

As the exam has evolved over the years, many changes and expectations for student performance have been incorporated. The AP* Spanish Language course is meant to be the equivalent of the advanced level (fifth or sixth semester) of a college/university Spanish language course. It is important that you become familiar with the College Board's "Claims" and "Evidences" as they will allow you to become familiar with their expectations and will also help you design the course.

Spanish Language Course and Exam Claims and Evidence Claims[1]

The student who receives an AP* grade of 3, 4, or 5 on the AP* Spanish Language Exam has mastered —to a degree commensurate with the AP* grade— the skills and knowledge required to receive credit for an advanced level (fifth- and sixth-semester or the equivalent) college/university Spanish language course.

- The student has strong communicative ability in Spanish in interpersonal, presentational, and interpretive modes.
- The student has a strong command of Spanish linguistic skills (including accuracy and fluency) that support communicative ability.
- The student comprehends Spanish intended for native speakers in a variety of settings, types of discourse, topics, styles, registers, and broad regional variations.
- The student produces Spanish comprehensible to native speakers in a variety of settings, types of discourse, topics, and registers.
- The student acquires information from authentic sources in Spanish.
- The student is aware of some cultural perspectives of Spanish-speaking peoples.
  (© College Board)

---

[1]*Claims "are statements we'd like to make about what students know, can do, or have accomplished"*
(Mislevy, Steinberg, and Almond, 2002).

Robert J. Mislevy, Linda S. Steinberg, and Russell G. Almond, Design and Analysis in Task-Based Language Assessment (CSE Technical Report 579) (Los Angeles: Center for the Study of Evaluation; National Center for Research on Evaluation, Standards, and Student Testing; Graduate School of Education and Information Studies; and University of California, Los Angeles; 2002), www.cse.ucla.edu/reports/TR579.pdf.

Evidence[2]

The AP* Spanish Language student can:

- Identify and summarize the main points and significant details and make appropriate inferences and predictions from a spoken source, such as a broadcast news report or a lecture, on an academic or cultural topic related to the Spanish-speaking world.
- Identify and summarize the main points and significant details and predict outcomes from an everyday conversation on a familiar topic, a dialogue from a film or other broadcast media, or an interview on a social or cultural topic related to the Spanish-speaking world.
- Identify and summarize main points and important details and make appropriate inferences and predictions from a written text, such as a newspaper or magazine article or a contemporary literary excerpt.
- Write a cohesive and coherent analytical or persuasive essay in reaction to a text or on a personal, academic, cultural, or social issue with control of grammar and syntax.
- Describe, narrate, and present information and/or persuasive arguments on general topics with grammatical control and good pronunciation in an oral presentation of two or three minutes.
- Use information from sources provided to present a synthesis and express an opinion.
- Recognize cultural elements implicit in oral and written texts.
- Interpret linguistic cues to infer social relationships.
- Communicate via formal and informal written correspondence.
- Initiate, maintain, and close a conversation on a familiar topic.

- Formulate questions to seek clarification or additional information.
- Use language that is semantically and grammatically accurate according to a given context.
  (© College Board)

---

[2]*Evidence comprises observable work products, which can be evaluated to substantiate intended claims (Mislevy, Almond, and Lukas, 2003).*

Robert J. Mislevy, Russell G. Almond, and Janice F. Lukas, A Brief Introduction to Evidence-Centered Design (College Park, Maryland: College of Education at the University of Maryland, 2003), www.education.umd.edu/EDMS/mislevy/papers/BriefIntroECD.pdf.

AP* Spanish Language 2007 Exam Format

Section	Item Type	Number of Questions and % Weight of Final Score		Time
Section I	**Multiple Choice**	**70-75 questions**	**50%**	**85-90 min.**
Part A: Listening	Short and Long Dialogues and Narratives	30-35 questions	20%	30-35 min.
Part B: Reading	Reading Comprehension	35-40 questions	30%	50-60 min.
Section II	**Free Response**		**50%**	**Approx. 100 min.**
Part A: Writing	Paragraph Completion (With Root Words)	10 questions (2.5%) 7 minutes	30%	Approx. 80 min.
	Paragraph Completion (Without Root Words)	10 questions (2.5%) 8 minutes		
	Informal Writing	1 prompt (5%) 10 minutes		
	Formal Writing (Integrated Skills)	1 prompt (20%) 55 minutes		
Part B: Speaking	Informal Speaking (Simulated Conversation)	5-6 response prompts (10%) 20 seconds to respond to each	20%	Approx. 20 min.
	Formal Oral Presentation (Integrated Skills)	1 prompt (10%) 2 minutes to respond		

Please note: As of the date in which this manuscript will go into production, scoring guidelines for the different parts of the exam are not available. They will eventually appear on the College Board site. We encourage you to obtain them and share them with your students. We also encourage you to work with the latest version —each year they will become available including the latest changes. These scoring guidelines change from year to year and it is essential that you use the latest version.

Preparing for the Examination

Students may sometimes not perform well on the AP* Examination not because of lack of preparation, but because of unfamiliarity with the format. Although the majority of students whose heritage language is Spanish or who have had some language experience outside of the classroom will have less difficulty with the listening and speaking sections of the examination, it is imperative that these students become familiar with the examination format. For example, when dealing with the listening comprehension section of the examination, students may not know if notes can be taken or when to take such notes, if the questions will be read or printed, etc.

Writing is an area that often causes problems for Spanish heritage language students. Throughout the course, students must learn how to write simple and compound sentences and use the appropriate vocabulary for the different situations about which they may have to write. From sentences, students must move on to understand and develop well-structured paragraphs and essays. The importance of clarity and the components of an effective piece of writing must be taught. Finally, students must be shown how to evaluate their own written work and revise it as necessary to communicate their ideas with precision.

For the speaking part of the exam, students must learn to time themselves while completing the simulated conversation as well as the formal speaking presentation. Many times, students who speak Spanish well speak too fast, do not use the allotted time, and do not show much variety in their vocabulary or verb tense usage. They must be familiar with the instructions so that they maximize their performance. Teachers must explain to their students the importance of speaking clearly and at a normal speed, and of making sure to pronounce the endings of words.

In this edition, we have moved the "Suggestions to the students" to the beginning of each unit so they are more easily accessible for reference as students are practicing.

Note: The College Board has a series of publications and information in its website available to assist the teacher in developing and implementing the Advanced Placement* Program.

We strongly recommend that you visit the College Board/AP* Central site on a regular basis where you can find teachers' resources, such as suggestions for teaching, book reviews, the latest changes, data about the most recent exam administration, credit and placement information, all kinds of professional development opportunities, etc. It is also the place where you can become part of an excellent group of educators who share concerns and ideas through an electronic discussion group.

Teaching Spanish to Heritage Language Students

The ideas and suggestions in this section are the authors' and are meant to assist those teachers who instruct students whose heritage language is Spanish. We as teachers need to be receptive to their needs, help them improve their Spanish, and prepare them to do well on the AP* Examination. It should not be assumed that because students have some knowledge of Spanish, they will perform well on the examination. Students come with varying degrees of knowledge. It is a fallacy that they do not require formal classroom instruction. These students must be given the opportunity to improve their skills and should not be prevented from the experience and benefits of an AP* course.

Perhaps the major challenge with students who have had some exposure to Spanish outside the classroom is that this experience is very varied. Several issues come into play: formal instruction in the language, country of origin, region within the country of origin, family background, students born in the United States but hearing Spanish at home, to name just a few. It is therefore in the best interest of the teacher and students to begin the Advanced Placement* course with some kind of diagnostic test to ascertain the students' level of knowledge. Some teachers ask students to write an essay at the beginning of the course, others find that using a published AP* Examination will help to assess their level and any difficulties they may have. This may help the teacher tailor his or her Spanish course.

Most Spanish speakers will benefit from Pre-AP* reading and writing strategies and content-based instruction introduced in courses that precede the AP* Language class. The writing components of the Writing Section require all students to distinguish registers and to be proficient in communicating ideas in different settings or writing modes. One of the two components of the Speaking Section of the exam requires that all students can integrate reading and listening skills and record a formal presentation; the other component requires students to record a simulated conversation. Training in **formal and informal modes of communication and the integration of the skills needed** is one of the areas heritage language students may need to improve. These students need the opportunity to make gains in reading and writing levels of proficiency and the case can be made for Equity and Access to AP* instruction.

The most important attribute of successful classes, both those with only Spanish speakers as well as those with students who have spoken Spanish only in the classroom, is emphasizing students' positive attributes at every opportunity and working from there.

The needs of heritage speakers are quite different from those students who have received their Spanish instruction only in the classroom. With regard to instruction, we can apply many of the principles we use with English-speaking students to classes of native speakers:

- Students' manner of expression when they arrive in the classroom must not be regarded as inferior.
- Teachers must give students the skills to evaluate their own work, determine its shortcomings, and act on them.
- Choose those areas of inaccuracy that are critical and concentrate on a few at a time; you cannot correct everything at once.
- Use content to demonstrate good language use. Make sure students hear and read grammatically correct, well-spoken Spanish.
- Guide students to observe the language being used and help them to make generalizations and come up with patterns and rules.
- Give students the tools to answer their own questions and develop self-correction skills.
- Present interesting readings —from literature, newspapers, or magazines— from the students' countries of origin or about their background. Students must be challenged with interesting listening and reading materials. This is also an excellent way to expand their vocabulary.
- In mixed classes, you may want to consider dividing the assigned tasks, with some for those who can handle difficult material and others for those who cannot.
- Throughout the course, expose students to appropriate ways to express themselves both orally and in writing.
- Discuss with students the difference between the Spanish they use with friends and the Spanish they need to master to speak as an educated speaker.
- Discuss the differences between expressing ideas in spoken and written language.
- Use the same principles for developing reading comprehension skills as you use with English-speaking students to deal with unfamiliar material, words, situations, etc.
- Explain those words usually confused by Spanish speakers, including false cognates, because of English interference.
- Since many Spanish heritage language students usually have problems with orthography, such as the use of *b, v, s, z, c, h, ll, y, g, j*, homophones, cognates, etc., make sure that you highlight the differences and that these students receive enough practice throughout the course.
- Although accentuation rules may be explained and reinforced on a regular basis, reading good models is the most efficient way of learning spelling, grammar structures and punctuation. The importance of integrating interesting and challenging content-based materials is essential to the success of these students in your class.
- Stress proper pronunciation and intonation. Bring to class news reports, interviews, and other media sources of many varieties of Spanish throughout the Hispanic world, or any other samples of proper Spanish so students have good models.

UNIT I Listening Comprehension

Part A Short Dialogues

Directions: You will now listen to several selections. After each one, you will be asked some questions about what you have just heard. Select the best answer to each question from among the four choices printed in your test booklet and fill in the corresponding oval on the answer sheet.

Instrucciones: Ahora vas a escuchar varias selecciones. Después de cada una se te harán varias preguntas sobre lo que acabas de escuchar. Para cada pregunta elige la mejor respuesta de las cuatro opciones escritas en tu libreta de examen y rellena el óvalo correspondiente en la hoja de respuestas.

──────────────────── **DIALOGUE NUMBER 1** ────────────────────

Al pie de unas ruinas en Guatemala.

ROSA: Oye, Antonio, ¿quieres subir hasta el mirador?

ANTONIO: Claro, me gustaría pero desde que tuve el accidente el año pasado tengo problemas cuando subo muchas escaleras. No sé si pueda llegar hasta lo más alto.

ROSA: ¡Ay! ¡Me han dicho que la vista desde allí es fenomenal! No te la puedes perder.

ANTONIO: Bueno, Rosa. Lo único que te pido es que no me apures mucho.

ROSA: No te preocupes, si tienes que descansar, podemos esperar un rato. No tenemos prisa.

ANTONIO: Bueno, si te parece bien, sí. Mejor.

ROSA: Quiero que tengas buenos recuerdos de este viaje y sé que esta visita a estas ruinas va a ser algo inolvidable. Ya tengo mi cámara lista.

ANTONIO: De eso estoy seguro. Adelante… comencemos la aventura.

1. ¿Por qué tiene Antonio dificultad en subir al mirador?
2. ¿Qué le pide Antonio a Rosa?
3. ¿Qué podemos inferir acerca de este comentario de Rosa: "No te preocupes, si tienes que descansar, podemos esperar un rato. No tenemos prisa."?
4. ¿Qué deciden Antonio y Rosa al final de la selección?

──────────────────── **DIALOGUE NUMBER 2** ────────────────────

En un apartamento.

SUSANA: ¡Pedrito! ¡Pedrito! ¡No corras por el pasillo que te vas a caer!

ROBERTO: ¡Ay, Susana, déjalo que juegue! Es un niño con mucha energía y tiene que hacer ejercicios.

SUSANA: ¡Sí, lo sé! Pero es que los vecinos de abajo ya se han quejado varias veces por el ruido que hace.

ROBERTO: No te preocupes; cuando yo entraba al edificio, vi que ellos salían con varias maletas. Estoy seguro de que no van a regresar por lo menos en unos días.

SUSANA: ¡En ese caso, que corra todo lo que quiera!

ROBERTO: Será un placer no tener que escuchar tu voz diciendo "¡No corras, Pedrito!"

SUSANA: Bueno, bueno, no es para tanto.

1. ¿Cómo es Pedrito?
2. ¿Qué parece preocupar a Susana?
3. ¿Qué le dice Roberto a Susana?
4. ¿Qué quiere decir Roberto con esta frase: "Será un placer no tener que escuchar tu voz diciendo '¡No corras, Pedrito!'"?

DIALOGUE NUMBER 3

En la sala de una casa.

GILDA: Ignacio, ¿cuándo fue la última vez que leíste uno de estos periódicos?

IGNACIO: ¿Por qué me lo preguntas si yo leo el periódico todos los días? Eso sí, puede que no termine de leerlo completo.

GILDA: Mira, este periódico es del 8 enero y ya estamos a 24 de julio.

IGNACIO: Es cierto, Gilda. Siempre me pasa eso. Los guardo para leerlos cuando tenga tiempo. Soy un tonto, ¿no? Creo que si echo un periódico a la basura, me voy a perder alguna noticia importante. Por eso, siempre los traigo de la oficina y los pongo en esa mesa con la esperanza de poder leerlos algún día.

GILDA: Y seis meses después, dudo que vayas a encontrar algo de lo que ya no te hayas enterado. Además ahora con el Internet, si tienes que investigar algo, en unos minutos puedes obtener toda esa información en la computadora.

IGNACIO: Tienes razón. Ahora sólo necesito la disciplina para echarlos a la basura cada semana.

GILDA: ¿Cada semana? ¿Y por qué no todos los días? Empecemos hoy. Yo te ayudo. Ya verás como no vas a echar de menos los periódicos.

1. ¿Qué le comenta Ignacio a Gilda?
2. Según Gilda, ¿qué sucede seis meses más tarde?
3. ¿Qué piensa hacer Ignacio en el futuro?
4. ¿Qué podemos inferir acerca de Gilda?

DIALOGUE NUMBER 4

En el pasillo de la escuela.

OFELIA: Gilberto, te ves muy triste. ¿Qué te pasa?

GILBERTO: Nada. Es que Marisol se fue de vacaciones ayer y no regresa hasta fines de mes.

OFELIA:	¿Qué? ¿Por eso estás triste? No seas tonto. Si Uds. hablan por teléfono constantemente y hasta recibes correo electrónico de ella casi todos lo días.
GILBERTO:	Tienes razón, Ofelia. Pero es la primera vez que ella no está a mi lado desde que somos novios.
OFELIA:	¡Ah, bueno! Te comprendo, pero lo que tienes que hacer es ocuparte de tus cosas y así no piensas tanto en ella.
GILBERTO:	Últimamente me paso horas pensando en lo que quizás esté haciendo ella y eso es lo que me pone melancólico.
OFELIA:	Oye, no puedes seguir así. Despreocúpate. Además, ella ya va a regresar en unas semanas. Esta separación no es el final del mundo.
GILBERTO:	Estoy completamente de acuerdo contigo. Ahora lo que tengo que hacer, es seguir tus consejos y tratar de ocuparme.
OFELIA:	Ya verás, de esa manera el tiempo vuela y cuando menos lo esperes ya ella estará aquí.

1. ¿Por qué está triste Gilberto?
2. Según Ofelia, ¿por qué no debe estar tan triste Gilberto?
3. ¿Qué decide hacer Gilberto?
4. ¿Qué hace Ofelia al final de la selección?

--------------------------- **DIALOGUE NUMBER 5** ---------------------------

En una esquina. José habla con Elena.

ELENA:	José, ¿adónde vas tan de prisa?
JOSÉ:	A casa. Gerardo siempre me llama a eso de las cuatro y si no estoy en casa no puedo hablar con él. Le quiero contar sobre el partido que vi este fin de semana.
ELENA:	Comprendo, ¿pero no te puede llamar por la noche?
JOSÉ:	No, Elena… es muy difícil. Su esposa siempre tiene algún trabajo que quiere que él haga y además no le gusta que pase mucho tiempo en el teléfono. Según ella, como se pasan todo el día separados, le gusta pasar tiempo juntos después del trabajo.
ELENA:	Es admirable que un matrimonio haga todo lo posible por hablar y pasar ratos juntos. Eso no sucede muy a menudo hoy en día.
JOSÉ:	Es verdad. Y yo, como los quiero mucho a ellos, quiero estar seguro de que no haya celos a causa de nuestra amistad. El fútbol nos encanta, pero no tanto…

1. ¿Por qué tiene que ir a casa José?
2. ¿Qué le gusta a la esposa de Gerardo?
3. ¿Qué encuentra admirable Elena?
4. ¿De qué quiere estar seguro José?

Dos amigos conversan en el parque.

ALBERTO: ¿Qué esperas que te regalen tus padres para tu cumpleaños, Ana?

ANA: Bueno, entre lo que yo espero y lo que ellos quieren hay una gran distancia.

ALBERTO: Sí, yo te conozco. Casi puedo adivinar esa diferencia pero me gustaría que me la explicaras.

ANA: Lo que quiero, por supuesto, es un carro nuevo. Bueno, no tiene que ser nuevo, nuevo, pero sí que esté en buenas condiciones, es decir, que sea económico, que no tenga problemas con el motor, que sea un convertible azul claro con radio, aire acondicionado y…

ALBERTO: Ay, Ana, ya lo sabía, no te conformas con tener un medio de transporte que funcione, quieres tener lo último aunque digas que no tiene que ser nuevo. ¿Qué harías con el auto que tienes ahora? ¿Lo venderías o lo regalarías? En caso que decidas regalarlo aquí estoy yo, listo para aceptarlo.

ANA: ¿Quién te dijo que voy a recibir un auto ya sea nuevo o viejo? Es sólo lo que me gustaría porque ya sé lo que me tienen mis padres de sorpresa.

ALBERTO: Dímelo, no me tengas en suspenso ni un minuto más, ¿qué te van a regalar tus padres?

ANA: Nada menos que un pase, por un mes, para usar en el transporte público en caso que mi pobre y triste y viejo carrito no funcione. ¿Qué te parece? ¡Por lo menos puedo soñar!

1. ¿De qué hablan Alberto y Ana?
2. ¿Cuáles son los deseos de Ana?
3. A Alberto, ¿qué le gustaría tener?
4. ¿Qué va a recibir Ana de sus padres como regalo?

Ignacio y su madre hablan en la cocina de su casa.

MADRE: Gracias, Ignacio. Te agradezco que hayas ido por mí al supermercado.

IGNACIO: De nada, mamá. Te traje todo lo que me pediste.

MADRE: Vamos a ver. Ayúdame a acomodar las cosas.

IGNACIO: ¡Cómo no! ¿Dónde quieres que ponga los refrescos?

MADRE: Ahí… encima del refrigerador… pero… Ignacio, ¿qué es esto? Te pedí que trajeras limones, éstas son naranjas… y… yo no te pedí refrescos.

IGNACIO: No entiendo. Yo tomé la lista que estaba sobre la mesa.

MADRE: ¿Qué mesa, Ignacio? Yo te dejé la lista en tu escritorio.

IGNACIO: Ay, mamá, yo tomé una lista que estaba en la mesa de la cocina, pues cuando llamaste dijiste que tomara la lista, y…

MADRE: Ignacio, esa lista es la que hizo tu hermana con lo que necesitaba para la excursión que va a hacer este fin de semana con sus compañeras de escuela.

IGNACIO: Ay, cada vez que te quiero ayudar complico las cosas.

MADRE: No te preocupes. Yo tengo que ir a la peluquería y puedo pasar por el mercado. Gracias de todas formas. Estoy segura de que tu hermana se alegrará de que tú le hayas hecho sus compras. Te lo agradecerá.

1. ¿Qué hace Ignacio para su mamá?
2. ¿Qué le pasó a Ignacio?
3. ¿De quién era la lista que usó Ignacio?
4. ¿Adónde va la hermana de Ignacio?

DIALOGUE NUMBER 8

Emilia y Roberto hablan por teléfono.

EMILIA: ¡Diga! ¿Quién habla?

ROBERTO: Hola, Emilia. Es Roberto.

EMILIA: ¡Qué bueno que llamaste! Necesitaba hablar con alguien. ¡Tengo tantos problemas, hoy todo me ha salido mal y quién sabe lo que va a pasar cuando mamá regrese del trabajo!

ROBERTO: Tú eres tan peliculera, siempre exageras las cosas y en resumidas cuentas no pasa nada. Te conozco, te encanta que te tengan lástima o admiración o qué sé yo. A ver, ¿cuál es la tragedia de hoy?

EMILIA: No debería de contarte nada, para que te burles y me hagas sentir como una tonta; pero necesito desahogarme y voy a decirte lo que me pasa.

ROBERTO: A menos que sea prestarte dinero, puedes contar conmigo. Hoy ando con la bolsa vacía, ni para cenar tengo. ¿Hay algo en la refrigeradora o en la estufa para tu pobre amigo? Así me invitas a cenar.

EMILIA: Después arreglamos eso, ayúdame a salir de enredos antes de que llegue mamá. Mira, me pidió que hiciera tres cosas antes de que ella volviera y no he podido hacer ninguna. Primero, recoger la ropa de la lavandería, pero perdí el recibo. Segundo, llamar a la oficina del médico para verificar la hora de su cita, pero cuando lo recordé ya habían cerrado la oficina. Por último, sacar la carne congelada temprano para hacer la cena, pero hasta ahora no me había acordado y está más dura que una piedra. ¿Qué voy a hacer? Ya sabes que mi mamá es muy exigente.

ROBERTO: La solución a tu problema es simple; cuando vuelva tu mamá, muy cariñosamente la invitas a cenar fuera. Después puedes explicarle lo que te pasó. Te va a perdonar y si me invitas te ayudo a distraerla, ¿qué te parece?

1. ¿Cómo se siente Emilia hoy?
2. ¿Cómo reacciona Roberto ante el problema de Emilia?
3. ¿Por qué no pudo recoger la ropa Emilia?
4. ¿Qué tenía que hacer Emilia para la cena?
5. ¿Qué solución le ofrece Roberto a Emilia?

DIALOGUE NUMBER 9

Escucha el diálogo entre una madre y su hijo.

MADRE: ¿Estás haciendo la tarea de inglés o la de química? Te veo muy ocupado, hijo.

HIJO: No, mamá, estoy mirando el horario de los programas de televisión.

MADRE:	Antes de empezar a divertirte, tienes que terminar todo tu trabajo, ¿comprendes? Ni tu padre ni yo queremos volver a ver unas notas como las que sacaste el semestre pasado.
HIJO:	Pero mamá, si ya he terminado todo el trabajo; hasta empecé a leer los primeros capítulos del *Quijote*, a pesar de que no tenía que leerlos hasta la semana próxima. Creo que merezco ver mi programa favorito esta noche.
MADRE:	Sabes muy bien que no me gusta para nada ese programa con tanta violencia, aunque sea tan popular entre tus amigos.
HIJO:	Mira mamá, ya que he terminado con todo y hasta he adelantado la tarea, por lo menos debes permitirme escoger lo que me guste, ¿no te parece?

1. ¿Qué está haciendo el chico en este momento?
2. ¿Qué parece enojar a la madre?
3. Según el chico, ¿qué se merece él?
4. ¿Qué parece pensar la madre sobre el programa?

DIALOGUE NUMBER 10

Francisco y Rosa hablan en el pasillo de la escuela.

FRANCISCO:	Rosa, toma, gracias por prestarme los apuntes. ¿Ya conseguiste el libro que tenemos que leer para el lunes?
ROSA:	No, no he tenido tiempo pero voy a pasar por la librería para comprarlo esta tarde. ¿Y tú?
FRANCISCO:	No. Yo no lo pienso comprar. Este fin de semana voy a alquilar la película que hicieron sobre la novela y resuelvo el problema.
ROSA:	¿Una película? Eso no es lo mismo que leer el libro, Francisco.
FRANCISCO:	Claro que no es igual. Es más divertido y así me da tiempo a terminar un proyecto para otra clase.
ROSA:	Mira, el año pasado yo hice lo mismo. No tuve tiempo para terminar un libro y alquilé la película. Cuando llegué a la escuela me enteré de que sólo el principio era igual; el resto era diferente.
FRANCISCO:	¿Y qué hiciste en ese momento? Con lo tímida que eres, seguro que en ese momento dijiste: "Trágame, tierra".
ROSA:	No tuve que hacer nada. Después de unos minutos de clase, la profesora se dio cuenta de que todos habíamos hecho lo mismo.
FRANCISCO:	Ja. ¡Qué cómico!
ROSA:	No fue nada cómico, Francisco, pero fue una buena lección. Por suerte, la profesora era muy comprensiva y nos dio unos días más para que lo termináramos. Y lo hicimos.
FRANCISCO:	¡Qué suerte! Me alegro de haber hablado contigo. No quiero pasar por el mismo apuro.
ROSA:	Si quieres, podemos ver la película después de que terminemos con el trabajo.

1. ¿Qué debe hacer Francisco?
2. ¿Qué parece preferir Francisco?
3. ¿Qué problema tuvo Rosa con la película?
4. ¿De qué se dio cuenta la profesora de Rosa?
5. ¿Por qué se alegra Francisco de haber hablado con Rosa?

Escucha la conversación entre un cliente y la señora que lo atiende.

DEPENDIENTA: Buenos días, señor; tanto gusto de verlo por aquí. ¿En qué puedo servirle? ¿Desea algo en especial?

SEÑOR: Quisiera ver uno de los trajes que tiene en la vidriera aquella.

DEPENDIENTA: Le puedo mostrar ésos, que tienen rebajas. Y también los trajes de verano que acabamos de recibir. Son de telas ligeras, de colores claros y muy frescas para la temporada. Tenemos mucha variedad y estoy segura de poder complacerlo.

SEÑOR: Va a ser un poco difícil encontrar algo para mí, aunque no dudo lo que usted dice. Como ya se habrá dado usted cuenta, estoy un poco gordo y tengo los brazos bastante largos. Siempre tengo problemas con la ropa hecha.

DEPENDIENTA: Ah, vea usted, señor. Tenemos en la tienda un sastre que hace maravillas en arreglos. Escoja usted lo que más le guste en su talla, y no se preocupe. Haremos todo lo posible para que usted quede satisfecho. Déjeme mostrarle algunos modelos apropiados para esta temporada. Usted se los prueba y nosotros nos encargamos del resto. Pase usted por aquí. Vea, colores claros, trajes a rayas, hilo fino. Pero dígame usted lo que prefiere, para buscárselo.

SEÑOR: Es usted muy amable, excelente vendedora. Muy bien. Pero quiero ver trajes de color negro o marrón; son los únicos que me gustan, sea la temporada que sea. Los prefiero por razones de trabajo. Además, me hacen ver más delgado. Espero que no tenga que alargar mangas, deshacer costuras, cambiar botones, hacer tantos arreglos que al final de cuentas hubiera sido mejor hacerme un traje a la medida.

DEPENDIENTA: Le garantizo que usted quedará satisfecho con su compra. Nuestro lema es: "El cliente manda" y nosotros cumplimos con sus deseos. Le puedo mostrar también algunas camisas y unas corbatas de seda italiana que son muy elegantes.

SEÑOR: Bueno, en realidad no me hacen falta ni camisas ni corbatas.

DEPENDIENTA: Muy bien, pero se las voy a mostrar solamente para que piense en las que tiene en casa y cómo le van con lo que usted escoja hoy. Nunca se sabe, igual decide usted llevar alguna por lo bien que le van. ¿Ve usted? Esta camisa de color azul claro le va muy bien a este traje negro. ¿Y qué me dice usted de esta corbata? Creo que le va muy bien con el color de la piel.

SEÑOR: Pues sí, voy a probarme estos dos trajes y si me quedan bien, me llevo la camisa… y la corbata.

1. ¿Dónde tiene lugar esta conversación?
2. ¿Por qué es difícil para el señor comprar ropa hecha?
3. ¿Qué deducimos de este comentario: "Escoja usted lo que más le guste en su talla, y no se preocupe. Haremos todo lo posible para que usted quede satisfecho."?
4. ¿Qué clase de trajes le gustan al señor?
5. Según el señor, ¿cómo es la dependienta?
6. ¿Qué podemos asumir acerca de la dependienta?

DIALOGUE NUMBER 12

Eduardo visita a su amiga Petra quien lo ha invitado a comer en su nuevo apartamento.

PETRA: Pasa, Eduardo, pasa.

EDUARDO: Hola, Petra. ¡Qué linda sala! Y una vista a la terraza. Fenomenal.

PETRA: Oye, Eduardo, ¿ya tienes hambre? Vamos a empezar con una ensalada, ¿te parece bien? ¿Te gusta la ensalada de tomates?

EDUARDO: ¡Qué pregunta! Yo siempre tengo hambre, Petra. Y me encantan los tomates.

PETRA: Mira, vamos a la terraza para que veas los tomates que planté hace unas semanas. Tiene que haber alguno ya maduro y listo para la ensalada.

EDUARDO: ¿Tomates, en un apartamento? ¡Qué buena idea! ¡Es maravilloso que viviendo en la ciudad puedas sembrar vegetales en la terraza!

PETRA: Claro. Por eso alquilé este apartamento, aunque el alquiler es un poco caro. En cuanto la vi, me enamoré de la terraza. Además, me encantan los vegetales frescos, naturales, ecológicos, sin pesticidas y al alcance de la mano en casa. Y ocuparme del jardín me ayuda a relajarme cuando llego del trabajo. Riego las plantas, planto las semillas. Voy a plantar pimientos también…

EDUARDO: Oye, Petra, no quiero alarmarte pero desde aquí puedo ver que hay unos pájaros negros en la terraza y están comiendo algo rojo.

PETRA: ¡Ay, qué barbaridad! ¡Otra vez los cuervos! ¡Apúrate, se están comiendo todos mis tomates!

EDUARDO: ¡Qué pena! Vas a necesitar un espantapájaros o por lo menos tendrás que cubrir los tomates para que no puedan llegar los pájaros. Mira, no han dejado ni uno. ¿Cambiamos el menú? O, mejor, yo invito y salimos a comer algo.

1. ¿Qué le parece maravilloso a Eduardo?
2. ¿Qué podemos inferir acerca de este comentario de Petra: "… me encantan los vegetales frescos, naturales, ecológicos, sin pesticidas y al alcance de la mano en casa."?
3. ¿Qué hace Petra cuando llega del trabajo?
4. ¿Qué ve Eduardo en la terraza?
5. ¿Cómo encontraron las plantas Eduardo y Petra?
6. ¿Qué propone Eduardo?

DIALOGUE NUMBER 13

Sergio y Miguelina hablan en la sala de su casa.

SERGIO: ¡Miguelina! ¡Miguelina! ¿Dónde estás?

MIGUELINA: Aquí, Sergio, ¡no grites!

SERGIO: ¡Miguelina! ¿Qué hiciste con los papeles que puse aquí? Te he dicho que no toques nada en mi escritorio.

MIGUELINA: ¿Qué papeles, Sergio? No sé de qué me hablas. Siempre tienes el escritorio lleno de papeles.

SERGIO: Los que estaban aquí, en el centro del escritorio. Y ya busqué en la papelera y está vacía.

MIGUELINA: ¡Uy, Sergio! Los eché esta mañana a la basura.

SERGIO: ¿A la basura? ¡Cómo! ¡Esos eran los últimos dibujos para entregarle a mi editor! ¡El trabajo de toda una semana, Miguelina!

MIGUELINA: Bueno, los vi tan sucios, con manchas de café por todas partes, que me pareció que no los necesitabas.

SERGIO: Pues sí los necesito. Sal a buscarlos antes de que venga el camión a recoger la basura y se los lleve.

MIGUELINA: Lo siento, Sergio. ¡Ahora mismo voy! En seguida vuelvo. ¡Pero no te enojes mucho si no los puedo encontrar!

SERGIO: Date prisa, porque no quiero tener que volver a hacer este trabajo.

1. ¿De qué hablan Sergio y Miguelina?
2. ¿Qué hizo Miguelina con los papeles?
3. ¿Por qué pensó Miguelina que Sergio no quería los papeles?
4. ¿Qué le pide Sergio a Miguelina?
5. ¿Por qué teme Miguelina que Sergio se enoje?

DIALOGUE NUMBER 14

Marta y Felipe hablan mientras van de viaje en coche.

FELIPE: ¿Sabes, Marta? Hasta ahora hemos tenido suerte con el coche. Acuérdate de que ya está viejo y que éste es un viaje largo. Si continuamos así, pronto estaremos en San Francisco.

MARTA: Es verdad, Felipe. Cuando empezamos esta aventura, estaba preocupada. Podríamos haber tenido tantos problemas. Por suerte, todo nos está saliendo a pedir de boca. Oye, ¿no quieres que yo maneje?

FELIPE: Todavía no estoy cansado. Mejor tomas el volante después de que almorcemos en Sacramento. Así podré descansar sin interrupciones hasta que lleguemos al hotel.

MARTA: Es que no me parece justo que tú hayas manejado tanto, Felipe. Yo sé que conoces el camino mejor que yo, pero tú me mimas demasiado. Gracias a ti he podido dormir bien y me he divertido mucho durante el viaje.

FELIPE: No importa; yo no me canso tanto, y me encanta manejar. Pero no sería mala idea detenernos unos minutos y tomar un café.

MARTA: ¿Tienes sueño? Porque si tienes sueño no debes continuar manejando.

FELIPE: ¿Lo dices porque mencioné el café? No, no te preocupes. Es que así podemos estirar las piernas y disfrutar un poco más el paisaje.

MARTA: No es mala idea porque como no tenemos prisa, podemos llegar a cualquier hora.

FELIPE: A propósito, ¿adónde vamos en cuanto lleguemos?

MARTA: Primero vamos al hotel y después a ver a mis abuelos. Tú ya conoces a mi abuela y estoy segura de que tiene planeada una cena fabulosa de sorpresa para nosotros.

FELIPE: Y luego, seguro que me vas a llevar a visitar cuanta tienda y museo se te ocurra visitar.

MARTA: Bueno, si a ti te parece bien, me acompañas. Y a mí, eso me encantaría porque así les compramos un regalo a mis abuelos. ¡Qué vacaciones tan fantásticas vamos a pasar!

FELIPE: Sí. Ojalá que haga buen tiempo para poder aprovecharlas. Yo no quiero pasar el tiempo durmiendo o viendo televisión. Eso lo puedo hacer en casa. Mira, vamos a parar aquí mismo. Hay un mirador para contemplar el paisaje. ¿Te parece?

MARTA: Vamos.

1. ¿Por qué estaba preocupada Marta durante el viaje?
2. Después de almorzar, ¿qué quiere hacer Felipe?
3. ¿Qué quiere decir Marta cuando comenta: "… tú me mimas demasiado. Gracias a ti he podido dormir bien y me he divertido mucho durante el viaje."?
4. ¿Qué clase de viaje hacen Felipe y Marta?
5. ¿Qué podemos deducir de este comentario de Marta: "Bueno, si a ti te parece bien, me acompañas. Y a mí, eso me encantaría porque así les compramos un regalo a mis abuelos."?
6. ¿Qué NO quiere hacer Felipe durante las vacaciones?

—————— DIALOGUE NUMBER 15 ——————

Escucha el diálogo entre Claudia y Héctor, una joven pareja.

CLAUDIA: Otra vez con el periódico, Héctor. A ver, déjame que adivine. ¿La sección de inmobiliaria para buscar más casas?

HÉCTOR: Pues sí, ésa misma, mi amor.

CLAUDIA: Pero, ¿no hay ninguna otra sección que te llame la atención? Con lo que te gusta el tenis, el béisbol…

HÉCTOR: Hasta que encontremos la casa que necesitamos, no, mi cielo. Ni la de deportes, fíjate.

CLAUDIA: Pero, yo estoy a punto de perder la poca paciencia que me queda.

HÉCTOR: Mira, Claudia, lee esto. Hay varios anuncios que te van a gustar. Hay cinco casas entre las que estoy seguro de que podremos encontrar una que nos convenga. Hoy me siento con suerte. Mira, ésta tiene un jardín bastante grande. Vas a poder plantar tus hortensias y tulipanes. Y el barrio, excelente.

CLAUDIA: ¡Ay, Héctor, no bromees, por favor! No estoy para chistes hoy. Me canso sólo de pensar que pasamos todos los fines de semana haciendo lo mismo: leyendo los anuncios, haciendo llamadas telefónicas, visitando casas y volviendo tarde y muy agotados sin haber encontrado nada. Te lo he dicho, ya se me está agotando la paciencia.

HÉCTOR: No es por nada, Claudia, pero creo que debieras de cambiar de actitud. ¿No crees que eres un poco difícil de complacer? O las casas quedan muy lejos para que vengan tus padres a visitarnos, o son muy pequeñas, o el patio es demasiado grande…

CLAUDIA: Tú tampoco has encontrado la casa ideal, Héctor. Y tampoco eres muy realista. La casa que tú quieres está más allá de nuestras posibilidades económicas. ¡Todo está tan caro!

HÉCTOR: De acuerdo, tienes toda la razón. Sé que va a ser difícil encontrar una casa con un cuarto para mí. Bueno, en realidad para la computadora, la impresora, la trituradora de papel…

CLAUDIA: Y para la televisión de pantalla gigante que seguro vas a colocar allí.

HÉCTOR: Bueno, bueno… si quieres puedes poner allí todos tus libros y tu colección de cuadros. Podemos compartir el espacio.

CLAUDIA: Y la deuda. Todo eso cuesta mucho. Los precios están por las nubes. De todas formas, tienes que esperar hasta mañana para seguir buscando casa porque mis padres vienen esta noche a cenar con nosotros. Y quiero tener todo listo para cuando lleguen.

1. ¿Cuál es el tema que comenta esta pareja?
2. ¿Cómo parece sentirse Claudia ese día?
3. ¿Cuál parece ser la intención de Héctor ese día?
4. Según Héctor, ¿por qué es difícil complacer a Claudia?

5. ¿Qué nos dice este comentario de Héctor: "Sé que va a ser difícil encontrar una casa con un cuarto para mí. Bueno, en realidad para la computadora, la impresora, la trituradora de papel… "?
6. ¿Qué le preocupa a Claudia?
7. ¿Por qué no pueden salir hoy Claudia y Héctor?

DIALOGUE NUMBER 16

Cecilia y su padre hablan antes de salir para hacer un viaje en auto.

PADRE: Cecilia, date prisa. Sube al auto de una vez. Vamos a llegar tarde.

CECILIA: Ya voy, papá… no me demoro. Estoy terminando de empacar mi mochila.

PADRE: Vamos, sabes que no puedo llegar tarde a la reunión y no queremos tener demoras con el tráfico. Hoy es viernes y hay mucha gente en la carretera.

CECILIA: Ay papá, no te enojes, pero no traje el pasaporte.

PADRE: ¿Cómo? Pero, Cecilia, ¿no te dije varias veces que hoy íbamos a Tijuana? Que hicieras la maleta, que pusieras todo en orden… Y también te dije que no olvidaras tu pasaporte. ¡Seguro que no lo encuentras en tu habitación tan bien ordenada!

CECILIA: ¡Ay, papá, ya lo sé! Tienes razón, pero estaba tan ocupada con los exámenes de final de curso y la competencia de natación que… no tuve tiempo de prepararme.

PADRE: Cecilia, no me vengas con excusas. Te he dicho mucha veces que tienes que ser más organizada. Ahora resulta que no tienes pasaporte, un documento importante, no es cualquier cosa. Y lo vas a necesitar. ¿Cómo piensas pasar la frontera?

CECILIA: Estaba segura de que lo tenía en mi mochila pero no. Se me olvidó sacarlo del bolsillo de la chaqueta que me regalaste para el viaje.

PADRE: ¿Y por qué no fuiste a buscar la chaqueta a tu cuarto? O sea, ¿qué también perdiste la chaqueta?

CECILIA: La chaqueta no está en mi cuarto, papá. Se la presté a Ana para su viaje a San Francisco.

PADRE: ¡Ay, Cecilia! ¡Qué despistada eres! Bueno, la única solución ahora es que no cruces la frontera y te quedes con tus primas mientras yo voy a resolver mis asuntos.

CECILIA: Pero es que yo quiero ir de compras. Sabes que me encantan las tiendas en Tijuana. ¡Y las pastelerías mexicanas!

PADRE: Lo siento. Dime lo que quieres y trataré de conseguirlo. Eso te pasa por ser tan desorganizada y olvidadiza.

1. ¿Por qué está enojado el padre de Cecilia?
2. ¿Dónde puso el pasaporte Cecilia?
3. ¿Qué no podrá hacer Cecilia?
4. ¿Qué le sugiere el padre a Cecilia?
5. ¿Qué inferimos de esta conversación?

En el aeropuerto, un viajero habla con una empleada de una aerolínea sobre su equipaje.

SR. JUÁREZ: Por favor, señora, ¿dónde puedo recoger mis maletas? No las puedo encontrar.

EMPLEADA: A ver, ¿tiene su boleto? Vuelo 748 procedente de Bogotá. Aterrizó a las tres y media. Allí, en el área número tres. Ya deben haber salido muchas o todas las maletas de ese vuelo.

SR. JUÁREZ: Sí, gracias, ya lo sé, pero hace media hora que espero y no las he visto.

EMPLEADA: A veces algunas piezas se demoran más que otras.

SR. JUÁREZ: Para decirle la verdad, no sé muy bien qué maletas llevo hoy. Mi esposa las hizo por mí. Además casi todas se parecen, del mismo color, del mismo tamaño casi todas…

EMPLEADA: O sea, que no puede reconocerlas…

SR. JUÁREZ: Ése es el problema.

EMPLEADA: La próxima vez debe ponerles algo que las distinga de las otras, como una correa de colores. Lo único que puedo sugerirle es que compare su número de recibo… éste, el que tiene Ud. en el boleto, ¿ve?, con el de las maletas que le parezcan más familiares.

SR. JUÁREZ: ¿No me podría ayudar uno de los empleados?

EMPLEADA: Eh… las regulaciones no lo permiten. Lo siento.

SR. JUÁREZ: ¡Pero yo las necesito!

EMPLEADA: Por el momento, Ud. tiene dos opciones. La primera es esperar a que los otros pasajeros recojan su equipaje y así, por eliminación, usted encuentre el suyo.

SR. JUÁREZ: Eso llevaría mucho tiempo. Estoy cansadísimo, llegamos con casi tres horas de retraso…

EMPLEADA: La otra opción es que vaya Ud. a la oficina de objetos perdidos, llene un formulario y así podrá efectuar una reclamación.

SR. JUÁREZ: Pero, si han perdido mis maletas, ¿qué voy a hacer sin mi ropa? ¡Tengo una junta de negocios mañana! ¡No puedo ir así, hecho una facha!

EMPLEADA: Lo siento mucho. Vaya a la oficina, le harán fotocopias a sus documentos, llenarán su hoja de reclamación y en cuanto encuentren sus maletas, las enviarán al hotel donde va a hospedarse Ud.

SR. JUÁREZ: ¡Qué contratiempo! Bueno, espero que lleguen antes de mañana.

1. ¿Dónde tiene lugar esta conversación?
2. ¿Qué no puede encontrar el señor Juárez?
3. Según este comentario, ¿qué podemos inferir acerca del Sr. Juárez: "Para decirle la verdad, no sé muy bien qué maletas llevo hoy. Mi esposa las hizo por mí."?
4. ¿Qué le dice la empleada al señor Juárez?
5. ¿Por qué necesita su ropa el señor Juárez?

Escucha la conversación entre Ricardo y Julia mientras se aproximan a un centro comercial.

JULIA: ¿Qué crees, Ricardo? ¿Nos estacionamos en el segundo piso? Voy a buscar un sitio cerca de la tienda.

RICARDO: Tenemos que fijarnos bien dónde nos quedamos. Cuando estos estacionamientos están llenos, si no tienes cuidado luego no encuentras el auto. Ahora parece fácil pero en un par de horas, ya es otra cosa.

JULIA: No te preocupes, te fijas en el piso en que estamos y no tendremos problemas. Además, llevas el ticket que recogimos en la entrada. Anota el número del piso y problema resuelto. Eso sí, no vayas a dejar el ticket en el auto.

RICARDO: No estés tan segura. La última vez que estuve aquí creí que no iba a tener problemas y cuando salí no pude encontrar mi coche.

JULIA: Pero qué pesimista eres, hombre. ¿Qué te pasó esa vez que estás tan preocupado hoy?

RICARDO: Pues nada, que después de buscar el auto durante varias horas, me di por vencido y decidí esperar hasta que cerraran las tiendas y se vaciara el estacionamiento.

JULIA: Oye, Ricardo, apuesto cualquier cosa que te confundiste porque del otro lado del centro comercial el estacionamiento también tiene el mismo sistema, los mismos colores, los mismos números. ¿Sabes?, si sales por la puerta equivocada, te puedes confundir de estacionamiento. Acuérdate: o "Salida Norte" o "Salida Sur". Si no, estás perdido.

RICARDO: Sí, Julia, lo sé, pero como soy algo despistado… No te rías, soy así, ¿no?

JULIA: Bueno… termina tu anécdota, ¿cuándo encontraste por fin el auto?

RICARDO: Mira, por suerte, ese día era domingo y cerraban a las seis; si no me hubiera tenido que quedar hasta después de las diez.

JULIA: La próxima vez, cuando te pase algo así, llámame. Yo tengo un sentido de la orientación infalible. Y hoy lo vas a comprobar.

1. ¿Dónde tiene lugar esta conversación?
2. ¿Por qué tienen que tener cuidado Ricardo y Julia?
3. ¿Qué le sucedió a Ricardo una vez?
4. ¿Hasta cuándo tuvo que esperar Ricardo una vez?
5. ¿Qué podemos inferir acerca de Silvia cuando dice: "La próxima vez, cuando te pase algo así, llámame."?

Escucha la siguiente conversación entre dos jóvenes que hablan acerca de los problemas sociales que les preocupan.

GONZALO: ¿Qué haces, Georgina? ¿Trabajando?

GEORGINA: No, te equivocas. No estoy trabajando. Estoy buscando en qué ocupar mi tiempo libre.

GONZALO: ¿Y eso? Nunca has tenido ningún problema en divertirte en tu tiempo libre.

GEORGINA: No, no se trata de eso. Ya terminamos el semestre y aunque tengo trabajo ya este verano, también tengo más tiempo libre. ¿Sabes lo que me gustaría hacer ahora? Adivina.

GONZALO: ¿Viajar? ¿Aprender a tocar el piano? Eso, siempre has querido aprender a tocar el piano. ¿No? Me rindo.

GEORGINA: No. Me encantaría ayudar a solucionar algunos de los problemas de los pobres y de las personas que no tienen casa. ¿Te imaginas no tener un lugar dońde vivir, dońde dormir?

GONZALO: ¡Qué idealista eres, Georgina! Eso no es fácil de solucionar.

GEORGINA: Es que me preocupo cuando veo lo que pasa y cuando pienso en la falta de igualdad que existe en el mundo. Hay tantas necesidades que debemos hacer algo para mejorar las condiciones de los más desafortunados entre nosotros. ¿Qué harías en mi lugar, Gonzalo?

GONZALO: La decisión es tuya. ¿Yo? Ya hace meses que trabajo para una organización que prepara comidas y se las sirve a los que no tienen casa, los desamparados.

GEORGINA: ¡Qué bueno que ayudes a los más necesitados! Estoy segura de que agradecen tu colaboración.

GONZALO: Pues sí. Distribuimos la comida en el centro, y además ayudamos a los ancianos del barrio que no pueden salir de compras. Les llevamos la comida, y si lo necesitan, los ayudamos con las compras.

GEORGINA: Parece un buen proyecto. Estos pequeños pasos son los que ayudan a solucionar los problemas. Si todos hiciéramos algo, se aliviarían los problemas.

GONZALO: Exacto. ¿Por qué no vienes conmigo esta tarde? Estoy seguro de que vas a poder ayudar en la cocina. Tenemos muchos voluntarios, pero siempre se necesita una mano.

GEORGINA: Bueno, voy contigo. Pero voy a seguir buscando mi proyecto y si tengo que crearlo, lo creo. Que todos tengan su propio techo, eso es lo más importante para mí.

1. ¿Cuál es el tema del diálogo?
2. ¿Qué quiere hacer Georgina?
3. ¿Por qué se siente mal Georgina?
4. ¿Qué hace Gonzalo?
5. ¿Qué le sugiere Gonzalo a Georgina?
6. ¿Cómo se siente Georgina al final?

DIALOGUE NUMBER 20

Ahora vas a escuchar un fragmento de un programa sobre la población hispanohablante emitido en los Estados Unidos.

NARRADORA: Ana Berlanga, publicista y presidenta de Publicidad Berlanga y Asociados destacó esta mañana el papel que juega la creciente población hispana en el desarrollo de muchas industrias de los Estados Unidos. Escuchemos sus palabras.

ANA: El aumento del poder adquisitivo del consumidor hispanohablante en los Estados Unidos es hoy evidente en los estudios de mercadeo de múltiples empresas. Los economistas sí entienden que el consumidor hispano cuenta cada vez más, y las empresas de todo el país quieren responder a sus preferencias.

NARRADORA: Nuestra entrevista destacó la variedad de industrias que tienen en cuenta a ese grupo consumidor.

ANA: Fíjate… la radio, la televisión. En la prensa, tanto en los artículos de la sección de economía como en los anuncios, puedes observar muy de cerca el crecimiento de este sector de la población. Y la publicidad es en sí una medida para tomar el pulso del consumidor, ensayar cómo atraerlo. O sea, convencerlo para que consuma.

NARRADORA: A la pregunta de qué productos prefiere la población hispana, Ana Berlanga respondió con amplios comentarios.

ANA: Los productos siempre asociados con los consumidores hispanos son los alimenticios, y muchos vienen de Latinoamérica, marcas de refrescos, café, etc. Claro, estos mercados se limitan a las áreas metropolitanas donde se concentran los diversos grupos de hispanos. O sea, que los refrescos colombianos que fácilmente encuentras en Miami no vas a encontrarlos necesariamente en Los Ángeles. Pero ha aumentado el consumo de todo tipo de productos, incluso los de alto costo, por el crecimiento de la población y de su poder adquisitivo.

NARRADORA: La población hispana, en su opinión, aparentemente es otro sector más "consumido por la pasión consumista" de esta economía capitalista. El comentario de la licenciada al respecto dice:

ANA: Sí, pudiera ser. Pero los estudios de mercadeo y sondeos de opinión de los gustos y de la población hispana, permiten servir mejor al consumidor. Por eso vemos anuncios de autos por la televisión que atraen con ritmo de salsa al consumidor, y algunos han sido creados por la compañía a la que represento aquí.

NARRADORA: Ana Berlanga terminó nuestra entrevista con estas palabras.

ANA: Muchos no aprueban estas campañas publicitarias. Pero la comunidad hispana se ha beneficiado enormemente también al participar artística y técnicamente en el desarrollo de la industria publicitaria. O sea, que son campañas publicitarias creadas por hispanos para hispanos.

1. Según la entrevista, ¿a qué dan importancia las empresas del país?
2. Según la entrevista, ¿dónde es evidente el impacto de los hispanos?
3. ¿A qué se debe el aumento del consumo de los hispanos?
4. ¿Qué destaca el comentario de la narradora cuando dice: "La población hispana, en su opinión, aparentemente es otro sector más 'consumido por la pasión consumista'"?
5. Según la entrevista, ¿quiénes se han beneficiado económicamente?

DIALOGUE NUMBER 21

Vas a escuchar un fragmento de un informe titulado "Visita a México". Fue emitido en una estación de radio de la ciudad de Tampa, Florida.

MALE: México y su centro histórico ofrecen al visitante una variedad de conocidos monumentos y lugares de interés de diversas culturas. Para el que busca algo diferente en esta gran ciudad, el Palacio de Mármol, una mansión de dos pisos de estilo francés construida en el siglo XIX es "lo máximo", pues presenta un ejemplo más de la riqueza multicultural del país y de su capital.

FEMALE: Así es. Después de la Primera Guerra Mundial, con la llegada de inmigrantes judíos a México, el Palacio de Mármol empieza a jugar un papel importantísimo como el centro de la cultura judía en la ciudad. Dicen que las paredes oyen y sin duda alguna, podría escribirse una novela con lo que ocurrió puertas adentro, entre estas paredes.

MALE: Oficialmente los conversos, o sea los judíos obligados a convertirse al cristianismo, no podían establecerse en América, pero algunos viajaron a México con Cortés en 1521. Es obvio que el espíritu emprendedor de esos hombres les ayudó en esa aventura.

FEMALE: Curiosamente, es a finales del siglo XIX cuando los judíos europeos fueron atraídos por el presidente Porfirio Díaz como parte de su esfuerzo por crear una economía fuerte y modernizar el país.

MALE: Y de acuerdo a nuestra investigación, es después de la Primera Guerra Mundial que llegan los judíos asquenazíes, procedentes de Rusia y Europa oriental y más tarde, los judíos sefarditas vinieron de los países alrededor del Mar Mediterráneo. Estas dos olas de inmigrantes son las que componen la actual población judía de México.

FEMALE: Efectivamente. Y de esa inmigración surge la historia del Palacio de Mármol y los judíos. Lo alquilaron en 1926 con el propósito de atender a la comunidad judía que se iba formando en la ciudad de México. Se creó un centro que creció durante casi dos décadas. Se ayudaba a los inmigrantes recién llegados a conseguir residencia, alimentos, dinero y hasta asesoramiento legal.

MALE: Pero no sólo eso. En el Palacio de Mármol había reuniones sociales, conciertos, una biblioteca, un gimnasio y un restaurante. Y era típico ver a los asquenazíes pasar por ese centro para tomar una taza de té, conversar; pero los sefardíes celebraban bodas y otros eventos importantes. Cuentan que en los bailes de los fines de semana muchos jóvenes conocieron a sus esposas y esposos y terminaban celebrando la boda en ese Palacio de Mármol. Hoy, al ser remodelado, el Palacio cambia y no será lo que fue. Pero todavía los curiosos que visitan México pueden admirar su belleza y realizar una visita guiada, sacar lindas fotos del centro cultural de la calle Tacuba.

FEMALE: Verdaderamente es un lugar con un gran valor histórico y bien merece ser conocido y preservado. Les animamos a que consulten la guía turística impresa para ver el horario.

1. ¿Cuál es el atractivo del Palacio de Mármol en la ciudad de México?
2. ¿Por qué es importante hoy el Palacio de Mármol?
3. ¿A qué se refiere la frase: "… podría escribirse una novela con lo que ocurrió puertas adentro, entre estas paredes."?
4. Según el diálogo, ¿por qué emigran los judíos a México a fines del siglo XIX?
5. Inicialmente, ¿para qué usaba la comunidad judía el Palacio de Mármol?
6. ¿A quiénes conocieron muchas personas en el Palacio de Mármol a principios de siglo?
7. ¿Qué sentimiento expresa la narradora cuando habla del palacio de Mármol: "Verdaderamente es un lugar con un gran valor histórico y bien merece ser conocido y preservado"?

DIALOGUE NUMBER 22

Esta conversación se difundió a través del programa "Tarde de tangos" en una estación con programación en español de Miami, Florida.

ROGELIO: Para continuar con nuestra "Tarde de tangos", hablemos ahora de la geografía argentina, como cada domingo. Hoy les traemos Salta la linda, esa encantadora ciudad colonial argentina. Flavia…

FLAVIA: Sí… Quería comentar que el nombre Salta se deriva de la palabra quechua *sangta,* que significa "cerros lindos". Con el tiempo, los españoles lo cambiaron a Salta. Está rodeada por una combinación poco común de cerros verdaderamente lindos, terrenos montañosos de un colorido espectacular y de selvas tropicales…

ROGELIO: Salta fue fundada por los españoles, ¿no?

FLAVIA: Sí, sí en 1582 y la Plaza 9 de julio, nombrada así en honor al día de la independencia argentina, es parte del centro colonial. El edificio más antiguo es el antiguo cabildo, que antes era el centro de gobierno. Hoy es un museo de la historia colonial con obras de arte religioso y colonial. Desde los balcones del museo se puede disfrutar del panorama de la ciudad y su linda plaza.

ROGELIO: Es famosa la catedral de Salta…

FLAVIA: Sí, sobre todo por el tono rosado de la estructura. Y también por las numerosas bodas que se celebran en este templo. Imagínate el contraste tan hermoso de los trajes blancos de las novias y el rosado de la fachada y cómo lo captan los fotógrafos. Pero hay algo más… curiosísimo en esta catedral colonial, antigua… y es que cuando escuchas las campanas, te transportas al siglo XXI. Suenan cada quince minutos pero ¡son electrónicas!

ROGELIO: Pero eso de sonar cada cuarto de hora... no sé si lo soportaría.

FLAVIA: Hay también una fuente de estilo francés en el centro de la ciudad y si escuchas el sonido del agua...

ROGELIO: ¡No escuchas las campanas! Pero lo más divertido es viajar en el Tren de las Nubes.

FLAVIA: El Tren de las Nubes, sí. En otras épocas, el tren llevaba a los mineros a las minas de plata, en los Andes. Hoy, los turistas se suben a ese tren para ir a las montañas y disfrutan de los paisajes que rodean la ciudad. Otra posibilidad, es el safari *Movi Track*, que sigue la ruta del tren pero viajan en camionetas para disfrutar el paisaje de cerca y sacar fotografías o grabar una película del Cerro de los Siete Colores.

ROGELIO: Flavia y un servidor, Rogelio San Martín, esperamos que hayan disfrutado de nuestros breves comentarios sobre Salta la linda. Y ahora, más música.

1. ¿Cuál es el propósito de este informe?
2. ¿Cuál es el origen del nombre Salta?
3. ¿Por qué menciona Flavia el origen de la palabra Salta?
4. ¿Por qué es famosa la catedral de Salta?
5. ¿A qué se refiere Flavia cuando dice:"... curiosísimo en esta catedral colonial, antigua... y es que cuando escuchas las campanas, te transportas al siglo XXI. Suenan cada quince minutos pero ¡son electrónicas!"?
6. ¿Qué efecto parece provocar en el narrador el sonido de las campanas en la plaza?
7. ¿A dónde llegan los turistas que viajan en el Tren de las Nubes?
8. ¿Qué ofrece el *Movi Track*?

DIALOGUE NUMBER 23

Este es un fragmento de un informe que se transmitió por televisión desde Valencia, España.

NARRADOR: Cada marzo, acuden a Valencia visitantes de todo el mundo para presenciar el fascinante espectáculo de las Fallas. Les traemos este reportaje desde esta ciudad mediterránea.

FEMALE: Como pueden ver ustedes, Valencia está hoy llena de fallas, estas imágenes parecen gigantes de 20 ó 30 metros de alto que se sostienen con soportes de madera. Cada falla presenta de forma sarcástica a personajes que fueron noticia ese año. Son obras de artistas y artesanos falleros, escultores y pintores, hechas de cartón grueso y otros materiales combustibles, que serán devorados por las llamas esta noche.

MALE: Los valencianos llevan las fallas en la sangre y se preparan todo el año para estas fiestas. Los Gremios de Artistas Falleros pasan a las nuevas generaciones el arte de crear las imágenes monumentales. Cada falla es la responsabilidad de una comisión que tiene también una falla de apenas unos 3 metros, creada por niños. Una Junta Central Fallera supervisa la fiesta y recoge fondos para costearla.

FEMALE: Las fallas compiten en diferentes categorías de acuerdo al presupuesto gastado para crearlas y ganan premios según diferentes criterios: la falla más colorida, la más atrevida, la más monumental, etc. Cada año aumenta el espectáculo. Este año son 760 entre las grandes y las infantiles y también aumenta el coste de la fiesta que sobrepasa ya los ocho millones de euros.

MALE: Después de trabajar durante meses, los maestros falleros exhiben sus creaciones desde la noche del 15 de marzo. "La noche del fuego", es la noche del 18 de marzo con un espectáculo fascinante de castillos de fuegos artificiales iluminando toda la ciudad. Más de medio millón de personas participaron anoche en esta celebración.

FEMALE: Finalmente, estas obras son devoradas por el fuego con la conclusión de las Fallas, en plena calle a la medianoche de hoy, el 19 de marzo.

MALE: Para muchos, carece de lógica el quemar lo que cuesta tanto esfuerzo y dinero. No faltan las lágrimas de niños y de mayores que cada año ven desaparecer devoradas por las llamas estas creaciones espectaculares.

FEMALE: ¿Y todo esto, para qué? El fuego devora las representaciones sarcásticas de lo que fue noticia: políticos, deportistas, vicios. Esta noche, desaparecerán otra vez las fallas entre las llamas, pero mañana, comenzará un nuevo ciclo fallero.

1. ¿Cuál es el propósito de las Fallas de Valencia?
2. ¿Qué es una falla?
3. ¿Quiénes NO participan en los preparativos de las Fallas?
4. De acuerdo a la comentarista, ¿por qué sube el costo de esta celebración?
5. ¿Qué piensan muchas personas acerca de las fallas?
6. ¿Qué podemos inferir del comentario de la comentarista acerca de los espectadores: "Para muchos, carece de lógica el quemar lo que cuesta tanto esfuerzo y dinero."?
7. ¿Qué podemos predecir acerca de las Fallas?

Part B Short Narratives

NARRATIVE NUMBER 1

Escucha el siguiente comentario sobre el gazpacho, una creación culinaria que aumenta en popularidad.

NARRADOR: Entre los numerosos productos que llegaron a España con el descubrimiento del Nuevo Mundo cabe señalar el tomate, el pimiento, la patata, el cacao, el maíz, el aguacate y muchos otros que hasta ese momento eran totalmente desconocidos por los españoles. El cultivo del tomate, fruta para unos y verdura para otros, fue el comienzo de la saga de platos típicos de la región de Andalucía, que hoy conocemos con el nombre genérico de gazpachos. El uso coloquial de la palabra *gazpacho* significa mezcla, confusión; o sea, combinación o mezcla de varios ingredientes. Su historia se remolca quizás a una crema espesa que hacían los romanos muy similar a lo que hoy conocemos como gazpacho. Los árabes también parecen haber contribuido al gazpacho ya que etimológicamente es quizás un derivado de la palabra "caspa" que significa "fragmento" o "residuo" debido a los pedazos de pan y verdura que se usan en la preparación.

Debido al "boom" turístico de los años 60 y 70 en la Costa del Sol el gazpacho se convirtió en uno de los platos españoles más universalmente conocidos por los extranjeros. Esta sopa fría, cuyos ingredientes básicos son aceite de oliva, ajo y tomate, según el lugar y el gusto personal, ha evolucionado de tal manera que se puede decir que en cada casa se encuentra un tipo diferente de gazpacho: con pan o sin pan, con cebolla o sin ella, con huevo duro, con perejil o sin él, etc. Por ejemplo, si usted pide gazpacho en un restaurante en la región de Castilla-La Mancha, va a disfrutar de un plato de conejo o perdiz, un plato que se conoce desde el siglo XVI y muy típico de los pastores y campesinos del área. En Andalucía, durante el verano, se acostumbra a servir el salmorejo, muy típico de Córdoba y que aunque contiene los mismos ingredientes que el gazpacho que todos conocemos, no lleva agua y sí lleva más cantidad de tomates junto con huevo duro o pedazos de jamón.

Hoy día la popularidad del gazpacho se debe a que es ideal para los que quieren perder peso, para personas expuestas al estrés, y para los que padecen de ciertas enfermedades. En fin, el gazpacho es para todos, principalmente los que quieran llevar una dieta balanceada.

1. ¿Qué factor tuvo gran importancia para las variedades del gazpacho de hoy?
2. ¿Qué significa la palabra gazpacho en el habla popular?
3. ¿Qué nos dice la selección sobre el gazpacho que se consume hoy en día?
4. ¿Qué caracteriza al gazpacho de la región de Castilla-La Mancha?
5. En Córdoba, ¿qué distingue al gazpacho?
6. ¿Qué beneficios tiene el gazpacho de acuerdo al informe?

Escucha la siguiente selección sobre Mafalda, el personaje de tiras cómicas más popular del mundo de habla hispana, y sobre su creador, Quino.

NARRADOR: Sin duda alguna, ustedes han leído las historietas de las tiras cómicas de Charlie Brown, el personaje famoso y tan arraigado en la cultura de Estados Unidos. Pero, ¿han oído hablar ustedes de Mafalda? Para aquéllos que no la conocen, Mafalda es el personaje de tiras cómicas más famoso de habla hispana. Se puede describir a Mafalda como una chica que hace preguntas constantemente, preguntas de fondo filosófico muchas veces que nos hacen pensar a todos. Es inquieta, nada conformista y esto hace que nosotros nos sintamos inquietos por sus preguntas y declaraciones. Constantemente trata de buscar soluciones a los problemas del mundo, una de sus preocupaciones más agudas. Muchos la consideran como una figura emblemática, símbolo de nuestros tiempos. Nace de una familia argentina de los años sesenta. De clase media y con aspiraciones de mejorar su vida, denuncia la injusticia y critica la falta de igualdad en la distribución de la riqueza.

Hablemos brevemente del creador de Mafalda, Quino. Quino nació en Argentina, de padres andaluces. Allí estudió en la Escuela de Bellas Artes. Después de varios años de estudio, decidió abandonar la escuela ya que quería dedicarse a otro tipo de arte, el arte de la vocación que lo llamaba. Pasaron varios años antes de que pudiera vender sus tiras cómicas, pero por fin en 1950 consiguió vender la primera. En 1964, presentó al público la primera tira de Mafalda. Sabemos que la madre de Mafalda es ama de casa y pianista frustrada. Su padre es corredor de seguros, y su hermano Guille, un chico travieso que siempre escribe y pinta en las paredes. Los amigos de Mafalda, Felipe, Manolito, Susanita, Miguelito y Libertad, son un poco neuróticos, pero la ayudan a llevar a cabo su propósito de "heroína de nuestro tiempo". El éxito de Mafalda continúa a nivel internacional.

En el año 2004, Mafalda cumplió medio siglo, y lo celebró con una gran exposición, en el Palacio de Hielo de Buenos Aires donde se presentaron los mejores trabajos de los 50 años de dibujos de Quino, el padre de la criatura. Su popularidad no tiene fronteras. Se traduce a más de 20 idiomas y la leen los famosos, entre ellos el Nóbel de Literatura Gabriel García Márquez, quien dijo en una oportunidad: "después de leer a Mafalda me di cuenta de que lo que te aproxima más a la felicidad es la 'quinoterapia'".

1. Según la selección, ¿cómo es Mafalda?
2. ¿Cuál es un objetivo de la tira cómica de Mafalda?
3. ¿Quién es Quino?
4. ¿Por qué abandonó la escuela Quino?
5. ¿Qué se celebró en 2004?
6. ¿Cómo sabemos que Mafalda ha tenido éxito?
7. ¿A qué se refiere el comentario siguiente: "… después de leer a Mafalda me di cuenta de que lo que te aproxima más a la felicidad es la 'quinoterapia'"?

—————————— **NARRATIVE NUMBER 3** ——————————

Escucha la siguiente noticia acerca del enigma de las carreteras mayas y los descubrimientos de los arqueólogos.

NARRADORA: En su época de mayor esplendor, los mayas disponían en Centroamérica de carreteras tan anchas que en ellas podrían haberse adelantado dos camiones de nuestros días. Estas carreteras tenían incluso "restaurantes", pozos y almacenes.

Sin embargo, a pesar de los grandes logros arquitectónicos y matemáticos, así como de la gran habilidad y dominio en la construcción de carreteras, los mayas no estaban a la altura del resto del mundo en cuanto a la tecnología vehicular. En América no había entonces ni caballos ni asnos, los llevaron los españoles. Se conocía el principio teórico de la rueda, pero nada más. Wolfgang Gabbert, del Instituto Latinoamericano de la Universidad Libre de Berlín, afirma: "En aquel tiempo había en Centroamérica juguetes de madera con ruedas, pero no existían en las calles y carreteras ni carros ni carretillas para el transporte". En todo caso, no se han encontrado hasta ahora restos de vehículos a rueda. El vehículo a rueda lo llevaron igualmente a América los españoles. El cargador que transportaba una mercadería de un lugar a otro lo hacía colocándola en el interior de una gran cesta, cuyo peso sobre la espalda solía sostener con cintas ceñidas en la frente. Tenían suficiente espacio para adelantarse unos a otros según la velocidad, determinada por la fortaleza del cargador y el peso de la mercadería.

Las carreteras se llamaban en el idioma maya "Sacbeh" (también "Sacbe"), y discurrían por las junglas, los terrenos pantanosos y las zonas áridas y boscosas de Honduras, Guatemala y el sur de México. Cobá, situado en la península de Yucatán, donde se conservan ruinas de templos y de palacios y es hoy día una gran atracción turística, era un importante punto del tránsito comercial y peatonal en el entonces imperio maya. Todavía se conservan restos de carreteras y diques cerca de los amplios centros arqueológicos ubicados entre los lagos y los bosques, pero la mayor parte están cubiertos ya por árboles y arbustos.

1. ¿Qué aspecto de la civilización maya sobresale en esta noticia?
2. ¿Por qué sabemos que los mayas estaban atrasados con respecto a la tecnología del transporte?
3. ¿Qué NO se ha encontrado en Centro América hasta ahora?
4. ¿Qué empleaban los mayas para el transporte de las mercancías?
5. Según la noticia, ¿en qué lugares se han encontrado restos de las carreteras?
6. De acuerdo a la noticia, ¿qué podemos asumir acerca de Cobá?

--------- **NARRATIVE NUMBER 4** ---------

Escucha esta selección sobre el actor mexicano Mario Moreno, más conocido como Cantinflas.

NARRADOR: Cantinflas, uno de los más conocidos y estimados actores latinoamericanos de todos los tiempos, murió en abril del año 1993. Su verdadero nombre era Mario Moreno y nació en México en 1911. Su familia era numerosa pues tenía trece hermanos. Por ser muy pobre y de un hogar bastante humilde, Cantinflas se vio obligado a trabajar desde muy temprana edad para ayudar a mantener a los suyos. Empezando de limpiabotas, de aprendiz de torero, de taxista, y hasta de boxeador, pudo llegar a ser el máximo exponente del cine moderno mexicano en el siglo XX. Su estilo, único en su género, consistía en hablar rápidamente usando palabras sin ningún sentido. Lo hacía con tanta gracia y originalidad que la Real Academia Española incluye en su diccionario la palabra "cantinflear" que designa a quien habla sin decir nada. En gran medida, esto ha significado un testimonio de su popularidad y un tributo a la labor del actor. Además del valor de su inimitable obra artística, Cantinflas ha sido reconocido como uno de los mejores cronistas de su época ya que casi siempre hacía el papel del pobre, inocente y bueno, que lleno de esperanzas y buenas intenciones, trataba de mejorar el mundo.

1. ¿Por qué es tan conocido Cantinflas?
2. ¿Qué sabemos de este famoso mexicano?
3. ¿Cómo fueron algunas de las ocupaciones de Cantinflas?
4. ¿En qué consistía el estilo de Cantinflas?
5. ¿Qué nos comunica la siguiente frase: "… siempre hacía el papel del pobre, inocente y bueno, que lleno de esperanzas y buenas intenciones, trataba de mejorar el mundo"?

La siguiente selección trata de Saúl Bolaños, un fotógrafo costarricense, y de sus creaciones.

NARRADORA: ¿Hay algo más agradable para un turista que encontrar un objeto único, especial, que le haga recordar un viaje inolvidable a un país que visita? Esto es precisamente lo que se puede apreciar si viaja a Costa Rica, visita el Gran Hotel, pasea por sus alrededores y decide explorar el área. La popularidad del Gran Hotel se debe no sólo a su diseño clásico y a su servicio esmerado de estilo europeo, sino a su ubicación en el centro de la capital, San José. Además, en la Plaza de la Paz, situada frente al hotel, se reúne un gran número de vendedores ambulantes que ofrecen a los turistas una variedad de productos típicos hechos de madera, de cerámica, de cuero y de mecate. Entre estos vendedores, Saúl Bolaños, vende algo muy especial: fotografías que han sido procesadas con café molido o líquido, en vez de la usual emulsión de plata. Bolaños llama a su proceso el arte de la "cafegrafía". Él estudió fotoquímica en varios países europeos y fue allí donde ideó cuatro procesos diferentes usando café. Las fotos que ofrece a los turistas son muy diversas y muestran diferentes aspectos de la vida nacional. Entre ellas, la más popular es una de dos niños recogiendo café en canastos típicos costarricenses. Durante la visita a Costa Rica, bien vale la pena visitar el Gran Hotel y apreciar las novedosas creaciones de Saúl Bolaños.

1. ¿Qué ventaja les ofrece el Gran Hotel a los turistas?
2. ¿Qué pueden hacer los turistas en la Plaza de la Paz?
3. ¿Quién es Saúl Bolaños?
4. ¿Qué descubrió Saúl Bolaños?
5. ¿Por qué se llama "cafegrafía" la invención de Bolaños?
6. ¿Qué ofrece la obra de Bolaños a los turistas?

La siguiente selección trata del escritor Ernesto Sábato, quien muestra su talento en otro medio artístico.

NARRADOR: Ernesto Sábato, el reconocido escritor argentino, sobresale entre los más celebrados escritores contemporáneos de la lengua española. Pero no es tan conocido su gran talento en otro medio artístico. Sábato había dedicado ya varios años a esta otra pasión cuando eso quedó demostrado en Sao Paulo, Brasil, donde por primera vez en Latinoamérica se presentaron en 1994 unas cuarenta y dos pinturas de este gran escritor. La exposición fue en el Museo de Arte de la ciudad. Ya el público de Madrid y París había podido apreciar su talento como pintor. En esa ocasión en Sao Paulo, los latinoamericanos pudieron apreciar la labor a la que Sábato se había dedicado por unos quince años. Sus pinturas, tan bien recibidas por los críticos europeos y después por los latinoamericanos, muestran el inigualable talento de este argentino dedicado a la literatura y también a la pintura.

En Sao Paulo, aprovechó la ocasión para presentar en una conferencia sus ideas sobre el papel social del artista, una de sus preocupaciones a lo largo de su vida. El autor de muchas novelas que ya se han convertido en clásicos de la literatura hispanoamericana, se sintió emocionado por la apertura de aquella exposición y también porque allí recibió el título de "Honoris Causa" de la Universidad de Sao Paulo. Sábato, aun después de los 90 años, continuó participando en actividades culturales y recibiendo el reconocimiento merecido a su labor. En 2004, el Congreso de la Lengua en Rosario, Argentina, terminó con un homenaje al artista.

1. ¿Cuál es el propósito de este informe?
2. ¿Cuál es la nacionalidad de Ernesto Sábato?
3. ¿Por qué es más conocido Ernesto Sábato?
4. ¿Por qué fue importante el evento en Sao Paulo?
5. ¿Qué hizo Ernesto Sábato en Brasil?
6. ¿Cómo se puede caracterizar a Ernesto Sábato?

NARRATIVE NUMBER 7

Escucha la siguiente selección sobre cómo los pueblos hispanos han escogido a su patrona.

NARRADORA: Gran parte de los habitantes de América heredaron de los españoles su lengua, sus tradiciones y además su devoción a través de la religión católica. Una manifestación de esta herencia es el hecho de que muchos países hispanoamericanos tienen su propia santa patrona. Esta figura se proyecta como la protectora, la amiga y la compañera de toda una nación. Hay leyendas regionales que explican el origen, a veces incierto, y la elección de la santa que llega a venerarse. Estas leyendas cuentan con elementos que son muy similares. Casi siempre una persona o un grupo muy reducido de individuos, andan por un camino desolado, se encuentran en una situación difícil y aparece una estatua pequeña o una figura que representa a la Virgen María y los ayuda a superar las dificultades. Esa imagen o presencia exige la construcción de un santuario o ermita en un lugar específico, casi siempre cerca del lugar donde apareció. Si sus deseos son desobedecidos, dicen muchas de las leyendas, se anuncian consecuencias desastrosas.

Una vez concluida su iglesia e instalada en ella la imagen, se convierte en la santa patrona venerada por todos. Un ejemplo es la Virgen de Guadalupe, patrona de México, y el santuario a la Virgen en la capital mexicana. De acuerdo a la tradición, Juan Diego, un campesino que iba camino a la casa del obispo, se encontró con una imagen que le habló en náhuatl y le pidió que llevara unas rosas al obispo envueltas en una tilma o especie de capa que usaban los campesinos. Según la leyenda, en esa tilma apareció grabada la imagen de la figura de la aparición de la Virgen y hoy es venerada en la Basílica de Guadalupe. Otra imagen, la Virgen de la Caridad, patrona de Cuba, apareció a tres pescadores en peligro de desaparecer en medio de una tormenta. La iglesia donde se venera hoy la pequeña estatua de esta patrona fue construida en la población de El Cobre, en medio de las montañas.

1. ¿Cuál es el objetivo de este informe?
2. ¿Cómo se conoce la historia de estas santas patronas?
3. ¿Qué sugiere la frase que dice: "Hay leyendas regionales que explican el origen, a veces incierto, y la elección de la santa… "?
4. ¿Qué tienen en común estas apariciones?
5. ¿Qué les exigen las imágenes a quienes las encuentran?
6. ¿Cuáles son las consecuencias de ignorar las instrucciones?
7. ¿Cómo son las personas que suelen presenciar la aparición?

NARRATIVE NUMBER 8

El informe grabado a continuación trata de una celebración de una fiesta tradicional en nuestra América.

NARRADOR: Debido probablemente a la proximidad de México a los Estados Unidos, tenemos la noción errónea de que El Día de los Muertos es una celebración exclusivamente mexicana. Sin embargo, esta fecha se celebra en gran parte de las Américas, en aquellos países donde la población indígena guardaba esta costumbre antes de la llegada de los conquistadores españoles. Ecuador celebra este día con una verdadera fiesta, cuando las familias se reúnen alrededor de una comida tradicional en la que se sirven figuras de pan en forma de niños y se bebe cola morada. Perú también festeja ese día.

El culto a los muertos es un aspecto cultural que ha prevalecido en México hasta hoy. Para muchos, esta celebración parece morbosa y hasta pagana. Inicialmente, los conquistadores españoles, en su intento de convertir a los indígenas al catolicismo, cambiaron la fecha del festival para el inicio de noviembre. Así coincidía El Día de los Muertos con las festividades católicas del Día de todos los Santos y el Día de los Difuntos. Aunque han habido ciertos cambios en cuanto a las ceremonias y los ritos que las acompañan, hoy día una celebración anual, el 2 de noviembre, festeja la muerte como a un personaje que forma parte de la vida diaria. En México la celebración de "El día de los muertos" cobra gran importancia en los pueblos ya que para muchos es la fiesta más importante del año. En los cementerios adornan las tumbas con fotografías de los difuntos, flores, decoraciones de papel de colores y velas encendidas. También se quema incienso y se sirve comida. Es muy impresionante presenciar una de estas ceremonias en la que la música, el olor a cera y a flores y los colores se combinan para infundir un carácter muy particular no sólo de respeto, sino de alegría. Este día podemos apreciar una mezcla de la religión católica y la cultura indígena cuyo resultado es obvio: la unión espiritual de un pueblo que se regocija en una celebración.

1. ¿Qué propósito tienen estas palabras: "… tenemos la noción errónea de que El Día de los Muertos es una celebración exclusivamente mexicana"?
2. ¿Qué destaca el informe acerca de El Día de los Muertos en Hispanoamérica?
3. Según el informe, ¿qué importancia tiene el dos de noviembre para muchos mexicanos?
4. De acuerdo al informe, ¿dónde ocurre gran parte de los festejos?
5. ¿Qué NO se usa en estas celebraciones?
6. ¿Qué podemos observar al presenciar una de estas fiestas?

--------- **NARRATIVE NUMBER 9** ---------

Escucha la siguiente selección sobre José Carreras, uno de los tenores españoles más sobresalientes de nuestra época.

NARRADOR: Nació en Barcelona, pero cuando tenía cuatro años, él y su familia se trasladaron a la Argentina por razones económicas y políticas. Sin embargo, este cambio de residencia no fue favorable y regresaron a España. Cuando tenía muy pocos años, seis o siete, Carreras trataba de imitar a Mario Lanza, cantando las arias del gran tenor Caruso. La música, además de ser más que nada su profesión, es la única manera en que puede expresar sus emociones más profundas, las cuales puede comunicar al público muy fácilmente. Además de la ópera, Carreras es gran aficionado al Cante Jondo, a la música pop y al rock. Por su afición a los diferentes tipos de música, la única distinción que él hace es entre la buena y la mala música. Según Carreras, comparada a otras artes, la música se distingue de las otras artes por una razón muy particular: se produce instantáneamente, aunque la música y la literatura en conjunto hacen el perfecto matrimonio: la ópera.

Hace unos años Carreras descubrió que padecía de leucemia, pero esta noticia no detuvo su deseo de vivir y de luchar por vencer la enfermedad. Regresó al escenario y no ha dejado de cantar desde entonces. En 1992 dirigió la música de los Juegos Olímpicos en Barcelona y en 1994, junto a Plácido Domingo y Luciano Pavarotti, participó en el concierto del siglo en el estadio de Los Ángeles. Carreras cree que el respaldo que recibió de numerosas personas le ayudó a vencer la leucemia. Creó una fundación a la que pertenecen científicos tanto americanos como españoles, con el propósito de contribuir a las investigaciones y experimentos hasta llegar a lograr una cura para esta enfermedad. El mensaje que nos deja José Carreras, con referencia a la leucemia, es que es una enfermedad muy seria pero hay esperanza de recuperación. Según él, lo más importante es querer mejorarse; hay que luchar contra la enfermedad usando, al máximo, todos los recursos posibles. Hoy día su público sigue deleitándose con su inimitable voz, gracias a su determinación.

1. ¿Qué mensaje transmite este informe?
2. ¿Quién es José Carreras?
3. ¿Qué hacía José Carreras cuando era muy joven?
4. ¿Cuál es la preferencia musical de José Carreras?
5. ¿Por qué está interesado José Carreras en la leucemia?
6. ¿A qué le atribuye José Carreras su recuperación?
7. ¿Cuál es la meta de la fundación que comenzó José Carreras?

La siguiente noticia apareció en la sección "Curiosidades" de una revista hispana. Trata de la yerba mate y su consumo en Argentina.

NARRADORA: Una costumbre frecuente en diferentes culturas es la de beber una infusión o bebida de hojas de una planta que tiene propiedades digestivas y estimulantes, como el té. En varios países de Suramérica se cultiva la yerba mate, una planta cuyas hojas se emplean para hacer un té que es conocido como mate. Hoy día, tomar mate es parte de la tradición y de la vida diaria de los argentinos y otros suramericanos. Pero, ¿sabías que hubo una época en que estaba prohibido beber mate en la Argentina?

Esta bebida, que había sido consumida desde hacía mucho tiempo por los indios guaraníes antes de la llegada de los españoles, era muy apreciada por los hechiceros que la usaban en ceremonias religiosas. En 1616, el gobernador de Buenos Aires dictó una ley en la que se prohibía el consumo de la yerba mate. Esta prohibición surgió como resultado del consumo excesivo de los colonizadores españoles. Se dice que por esa época se consumían cerca de 500 kilos de yerba al día en el lugar. Aunque al principio de su llegada no le habían prestado mucha atención, los españoles se convirtieron en verdaderos adictos a la yerba, hasta el punto de que descuidaban sus labores para disfrutar de la infusión. Los indígenas, acostumbrados a beberla, la tomaban con moderación.

Este vicio aparentemente llegó a ser una vergüenza para los españoles, convirtiéndolos en hombres perezosos; y los religiosos lo veían como una bebida satánica que destruía al ser humano. Por estas razones, la ley prohibía comprar o vender la yerba y esta actividad era considerada un gran delito. Al mismo tiempo el gobernador ordenó recoger toda la yerba que se encontrara en la ciudad y en un acto público la hizo quemar en la Plaza Mayor. Eventualmente, la sanción fue eliminada, y los indígenas y los demás habitantes de Buenos Aires pudieron una vez más disfrutar del sabroso mate hasta nuestros días.

1. ¿Cuál es el tema que se trata en la noticia?
2. ¿Para qué se usa la yerba mate?
3. ¿Qué propiedades tiene la yerba mate?
4. ¿Qué hizo el gobernador de Buenos Aires?
5. ¿Qué efecto provocó el consumo de la yerba en los españoles?
6. ¿Qué ocurrió un día en la Plaza Mayor?
7. ¿Qué implica la oración: "Eventualmente, la sanción fue eliminada, y los indígenas y los demás habitantes de Buenos Aires pudieron una vez más disfrutar del sabroso mate hasta nuestros días."?

NARRATIVE NUMBER 11

Ahora escucha el fragmento de una conferencia sobre los incas y su influencia en la elaboración de objetos metálicos con gran valor artístico.

NARRADOR: Los incas, desde tiempos prehistóricos, eran grandes orfebres. Trabajaban con toda clase de metales: el oro, la plata, el cobre y el estaño, con los cuales elaboraban objetos de arte y religiosos. Los dioses principales de los incas eran el Sol y la Luna. Debido a su resplandor, escogieron el oro para decorar el templo del Sol, y la plata para el Templo de la Luna. "La ciudad de los Reyes", hoy Lima, se convirtió en la ciudad más importante de América, y el cerro de Potosí, en la mina de plata más famosa del mundo.

Gracias a la explotación de las minas de América, los españoles hicieron ostentación excesiva de objetos como platos de oro, bañeras de plata o gruesas cadenas y brazaletes. Los orfebres usaban la técnica europea para crearlos pero la influencia de la cultura inca se manifestó en los diseños. Podemos observar cómo, por ejemplo, algunas de las joyas de la época muestran la influencia cultural de ambos grupos. Muchas de esas joyas admirables se exhiben hoy en exposiciones y en museos, piezas de un valor incalculable gracias a la creación de sus inimitables artífices. Se puede aquí aplicar la expresión "vale un Potosí", para referirnos al valor de las creaciones de aquellos artistas de los metales. Inicialmente, la expresión aludía a la riqueza de la mina de ese nombre.

El oro y la plata de los incas fueron transportados a España en las naves de la llamada flota de la plata. Sin embargo, los tesoros no llegaban siempre a su destino porque muchos de los galeones españoles naufragaban a causa de las tormentas y los huracanes. Todavía hoy los cazatesoros se dedican a localizar galeones españoles cargados de metales preciosos y de joyas en el fondo del mar. Uno de los más importantes descubrimientos fue el del barco Atocha, localizado cerca de las costas de los cayos al sur de la Florida, con una carga valorada en varios millones de dólares.

1. ¿Qué aspecto de la civilización inca resalta esta conferencia?
2. ¿Qué hizo famoso al cerro de Potosí?
3. ¿Qué demuestra el uso de los objetos de lujo acerca de aquellos españoles?
4. ¿Qué podemos apreciar en los artículos de arte de la época?
5. ¿Qué podemos inferir acerca de este comentario: "Se puede aquí aplicar la expresión 'vale un Potosí'"?
6. ¿Qué era el Atocha?
7. Según el informe, ¿qué podemos inferir de esta frase: "… los tesoros no llegaban siempre a su destino porque muchos de los galeones españoles naufragaban a causa de las tormentas y los huracanes"?

NARRATIVE NUMBER 12

¿Has usado alguna vez un código secreto para comunicarte con otras personas? Ahora vas a escuchar un comentario sobre esta vieja costumbre en la China.

NARRADOR: Yang Huanyi murió el pasado 23 de septiembre, a los 98 años. Era la viuda de un campesino y vivía en la provincia de Hunan. La noticia ha sido difundida por la prensa internacional, algo inusual al fallecer una persona humilde. Los lingüistas comentaron ampliamente la noticia ya que era la única persona en el mundo que hablaba "nushu". Su fallecimiento supone la extinción de ese lenguaje. Los que la conocían, afirman que Yang Huanyi murió sin saber escribir el chino oficial.

Esta mujer representó a la China en la Conferencia de las Naciones Unidas sobre la Mujer en Pekín, en 1995. Allí, entregó a las conferencistas las cartas, los poemas y los artículos que conservaba. El nushu no es una de las lenguas o dialectos que se hablan en China hoy, sino la única lengua del mundo utilizada exclusivamente por mujeres, una especie de código de escritura secreto muy antiguo usado desde hace siglos en algunas regiones de China. ¿Y si era tan secreto, cómo se llegó a conocer? Una profesora china lo descubrió en 1982. Casi todos los manuscritos desaparecían, pues tradicionalmente se quemaban una vez cumplida la misión del comunicado en nushu o se enterraban con los muertos. Apenas queda un reducido número de manuscritos apreciados por lingüistas y sociólogos, quienes los consideran una fuente de estudio del sistema de comunicación y de costumbres de diversas épocas.

A las mujeres chinas les negaron la educación por siglos. Por eso en la provincia de Hunan ellas desarrollaron una escritura para comunicarse entre sí. Los mensajes aparecían no en papel, sino en la ropa, en un abanico o hasta en la palma de la mano. El nushu comunicaba principalmente las *"Cartas del tercer día"*, especie de folletos de tela en los que las madres escribían a sus hijas consejos sobre el matrimonio, canciones para expresar sus sentimientos y la esperanza de una nueva vida. Las cartas se enviaban tres días después de la boda, de ahí su peculiar nombre.

La lengua nushu consiste de 1,500 a 2,000 palabras. Lingüistas, sociólogos y hasta las autoridades locales no han dejado de mostrar especial interés en este código secreto desde su descubrimiento y hasta propusieron medidas para conservarlo y evitar su extinción. Aparentemente el esfuerzo no ha dado fruto, pues la población femenina de China recibe la misma educación que los hombres.

1. ¿Cuál es el motivo de la difusión de esta noticia?
2. ¿Cómo podemos describir el lenguaje nushu?
3. ¿Qué sabemos de la fallecida Yang Huanyi?
4. ¿Cómo se comunica una persona en el idioma nushu?
5. ¿Qué costumbre está ligada a la comunicación en nushu?
6. ¿Cómo estudian hoy los lingüistas y sociólogos el nushu?
7. De acuerdo a la noticia, ¿qué podemos inferir acerca de la sociedad china hoy?

Ahora vas a escuchar un informe acerca de una población de origen holandés que vive cerca de la ciudad de Sao Paulo.

NARRADORA: Uno de los testimonios más coloridos de cada primavera en el hemisferio es la Expoflora, la mayor exposición de flores y plantas de América del Sur. Se calcula que este año más de 250.00 personas visitarán Holambra, una pequeña municipalidad en el interior del estado de Sao Paulo, en Brasil, donde una cooperativa "familiar" de holandeses y sus descendientes han creado un punto de referencia para floristas, floricultores y horticultores. Los organizadores continúan trabajando en su centro permanente, actualizándolo con las tecnologías más modernas y diversificando y ampliando los lugares de exposición. A medida que los horticultores de Holambra desarrollan nuevas variedades de plantas, la Expoflora se ha convertido en el destino obligado de los comerciantes sudamericanos de flores.

En 1981 un grupo de productores y horticultores ornamentales expuso sus productos en un club local con la idea de estimular las ventas. Mil doscientas personas visitaron el lugar durante la primera semana. Debido al éxito inicial, la Expoflora se impuso como un acontecimiento anual, y este año se celebra de nuevo, más de medio siglo después de que los primeros inmigrantes fundadores llegaran al Brasil desde los Países Bajos, huyendo de las dificultades económicas en su país después de terminar la Segunda Guerra Mundial.

Establecieron una cooperativa para la cría de vacas lecheras, pero debido a las enfermedades que afectan al ganado, se vieron obligados a diversificar su producción. Sus cultivos de trigo, frutas, aves y especial-mente flores contribuyeron a la creación de la cooperativa Holambra, que se ha convertido en uno de los principales exportadores brasileños. El principal objetivo de Holambra es aumentar el comercio de flores en el Brasil. Aunque Holambra es el productor más importante de América Latina, sólo abastece un tercio de la horticultura brasileña.

A lo largo de la carretera 340, que lleva a Holambra, se ven infinitos campos de crisantemos y verdes huertos de naranjas y limones bajo el cielo azul. El impresionista holandés Vincent Van Gogh habría sacado ventaja de estos vívidos amarillos, verdes y azules y no habría tenido problema con el idioma, ya que el 20 por ciento de los diez mil habitantes de Holambra habla holandés. ¿No siente Ud. curiosidad por saber el origen del nombre Holambra? Aquí está: Holanda, América y Brasil: Ho-Lam-Bra.

1. ¿Cuándo se celebra la Expoflora en Suramérica?
2. ¿Quiénes visitan Expoflora?
3. ¿Con qué propósito se creó la Expoflora?
4. ¿Para qué se fundó Holambra?
5. ¿Qué se ve por el camino antes de llegar a Holambra?
6. ¿A qué se refiere la frase cuando comenta acerca del pintor: "El impresionista holandés Vincent Van Gogh habría sacado ventaja de estos vívidos amarillos, verdes y azules… "?
7. ¿Qué podemos inferir acerca del origen del nombre Holambra?

Ahora vas a escuchar un comentario sobre el café y su consumo actual.

NARRADOR: Con toda probabilidad cuando caminas por una ciudad o vas de compras a un centro comercial, percibes el aromático olor del café. Y si por curiosidad entraras al establecimiento donde lo venden, comprobarías la amplia selección de café de orígenes diversos y los tipos de cafés al alcance del consumidor: solo, con leche, late, helado, con leche descremada, etc.

¿Sabes de dónde es originario el café y la historia del consumo de esta bebida? Aparentemente, el origen de la planta y su consumo se inició en África, en las montañas de Etiopía, y no en Arabia como se suele decir. En Arabia, sí se extendió el consumo de la bebida, y de allí se propagó a la India a través de las rutas comerciales controladas por los musulmanes hasta el siglo XVI, y luego a otros lugares de Asia.

Asociar a Colombia y el café hoy en día nos parece lógico, por ser ese país uno de los mayores productores. Pero antes de popularizarse el cultivo y consumo del café en América, ya era la bebida favorita en Italia y hasta en Inglaterra a medidos del siglo XVII. Y fueron los holandeses, quienes, aficionados al consumo de esta bebida aromática y estimulante, la llevaron a las Américas en el siglo XVI. Las anécdotas relacionadas con el consumo del café son variadas y no siempre verídicas. Se dice que el Papa Clemente VIII opinaba que era una "bebida de Satanás pero deliciosa" y rechazó las recomendaciones de quienes querían prohibir a los cristianos el consumo del café. El origen de los primeros establecimientos o cafés donde se vendía la apreciada bebida es también muy discutido. Para algunos, fue Londres; para otros, Viena. Lo cierto es que este tipo de establecimiento se extendió por muchas capitales y ciudades europeas en el siglo XVII.

Desde el punto de vista económico, en la actualidad la industria del café contribuye al sustento de unos 100 millones de personas en más de 80 países. El volumen de las exportaciones mundiales de café es superado sólo por la del petróleo. A esto contribuye el hecho de que el número de consumidores de todas las edades continúa aumentando. No queda duda: el café es hoy en día una de las bebidas más populares en el mundo, penetrando todas las culturas.

1. ¿De dónde es originario el café?
2. ¿Dónde se populariza la bebida antes que en América?
3. ¿Qué evitó el Papa Clemente VIII?
4. ¿Qué se disputan muchos países?
5. ¿Qué opinión parece tener el autor acerca de la industria del café cuando dice: "… en la actualidad la industria del café contribuye al sustento de unos 100 millones de personas en más de 80 países"?
6. De acuerdo a la noticia, ¿qué NO podemos predecir acerca del consumo de café?

Part C Long Dialogues

Directions: You will now listen to a selection of about five minutes duration. First you will have two minutes to read the questions silently. Then you will hear the selection. You may take notes in the blank space provided as you listen. You will not be graded on these notes. At the end of the selection, you will answer a number of questions about what you have heard. Based on the information provided in the selection, select the BEST answer for each question from among the four choices printed in your test booklet and fill in the corresponding oval on the answer sheet.

Instrucciones: Ahora escucharás una selección de unos cinco minutos de duración. Primero tendrás dos minutos para leer las preguntas en voz baja. Después escucharas la selección. Se te permite tomar apuntes en el espacio en blanco de esta hoja mientras escuchas. Estos apuntes no serán calificados. Al final de la selección, elige la MEJOR respuesta a cada pregunta de las cuatro opciones impresas en tu libreta de examen y rellena el óvalo correspondiente en la hoja de respuestas.

DIALOGUE NUMBER 1

Escucha la siguiente entrevista con doña Lola, la mujer responsable de la letra de la canción "Las lavanderas".

MIGUEL:	Doña Lola, mucho gusto en conocerla. Es la primera vez que vengo a estas Fiestas Patronales y he quedado encantado.
DOÑA LOLA:	Gracias, joven, me alegro de que haya gozado de nuestra celebración. Ojalá siga viniendo todos los años, ya sabe la fecha y conoce el lugar.
MIGUEL:	Por el placer de oírla cantar su canción otra vez tenga por seguro que nos vamos a ver de nuevo. Dígame, ¿podría ser un poco indiscreto y hacerle unas pocas preguntas? Tengo una curiosidad enorme de saber algo de su vida… ¿de dónde sacó la inspiración para escribir una canción tan linda? Usted va a perdonarme si le hago demasiadas preguntas o si la estoy molestando.
DOÑA LOLA:	De ninguna manera… Me alegra mucho saber que le haya gustado "Las lavanderas", esa canción es casi tan vieja como yo… ¿sabe? La cantaba mucho en mi juventud allá por los años veinte. La verdad es que nunca la escribí.
MIGUEL:	¿No la escribió? ¿Cómo es que ha pasado a ser una de las canciones más apreciadas en estas fiestas? "Las lavanderas", la canción de doña Lola… entonces, ¿quién la escribió?
DOÑA LOLA:	Bueno, yo la inventé si es posible usar ese término; una de mis patronas, una señora fenomenal para quien yo trabajaba la escribió después de oírme cantarla mientras recogía la ropa sucia en su casa. Lo que usted me oyó cantar es mío pero yo no lo escribí como normalmente lo haría un compositor o una compositora.
MIGUEL:	Me tiene muy intrigado… ¿Podría explicarse mejor? Claro, si no es mucha la molestia.
DOÑA LOLA:	Usted puede encontrar toda esa información en cualquier libro folclórico, pero ya que estamos aquí y usted está genuinamente interesado, pues se lo voy a explicar. ¿Por casualidad es usted músico?
MIGUEL:	Bueno, yo canto y toco la guitarra y me encanta toda clase de música, así que puedo apreciar lo que vale una creación como la suya, señora.
DOÑA LOLA:	Pues mire, usted sabe más de música que yo. Nunca he tocado ningún instrumento y le confieso que no sé escribir, nunca fui a la escuela.
MIGUEL:	Ahora estoy más intrigado. Por favor, explíquese.

DOÑA LOLA: Usted no había nacido todavía, de esto hace muchos años. Yo era casada y tenía cuatro hijos; mi esposo trabajaba en el campo y yo era lavandera. Sé que probablemente no comprende ese término ya que usted vive entre lavadoras y secadoras eléctricas, pero en mis tiempos eso no existía. Las señoras de la ciudad tenían, entre otras criadas, a una lavandera. Yo les lavaba la ropa a tres o cuatro familias y con eso contribuía al bienestar de mi familia.

MIGUEL: Ahora comprendo el título de la canción, usted tiene razón, no tengo la menor idea de lo que pasaba en esa época; por favor explíqueme lo de la canción.

DOÑA LOLA: Yo lavaba la ropa en compañía de otras mujeres en un lugar que se llamaba el Arroyo en las afueras de la ciudad; el municipio nos había hecho unos lavaderos de cemento y usábamos el agua del riachuelo que por ahí pasaba. Bueno, el trabajo era muy duro, las manos, los brazos y la espalda nos dolían, pero el murmullo del agua al correr, el canto de los pájaros, el aire fresco y puro y el cielo transparente nos ayudaban a soportarlo todo. De ahí, de todo eso, salieron la letra y la música de mi canción.

MIGUEL: Doña Lola, ¡qué lindo todo lo que me ha contado! De ahora en adelante, cada vez que toque mi guitarra y cante su canción la voy a recordar con mucho cariño. Y qué gran honor haberla conocido. Muchísimas gracias por un regalo tan lindo y tan duradero.

Ha terminado esta selección. No se leerán las preguntas en voz alta. Ahora empieza a trabajar.
Te quedan dos minutos para elegir las respuestas.

DIALOGUE NUMBER 2

La siguiente entrevista trata de un grupo de mujeres que decidieron empezar un negocio de una manera muy innovadora.

SR. VARGAS: Buenos días, doña Flor, le agradezco mucho que me haya permitido hablar con usted sobre su trabajo; esta entrevista para mi periódico *La Luz* será de gran provecho, especialmente en esta época del año cuando las ventas se multiplican.

DOÑA FLOR: No se preocupe, señor Vargas, siempre hay tiempo para todo y me da mucho placer platicar con usted. Además soy mujer de negocios y esta entrevista nos va a beneficiar a todos.

SR. VARGAS: Lo primero que me gustaría saber es… ¿cuántas mujeres hay en el grupo?

DOÑA FLOR: Pues mire, señor Vargas, cuando empezamos a trabajar en el grupo había muy pocas, creo que ocho o diez, lo hicimos sin pensar que podríamos llegar hasta donde hemos llegado. Como puede ver en este pueblito no hay industrias mayores, casi todos somos pobres y vivimos de lo que nos da la tierra y de lo poco que producen unas empresas pequeñas. Ahora las tejedoras somos como cuarenta.

SR. VARGAS: Y, ¿cómo empezó este negocio? ¿Qué las impulsó a formar un grupo industrial dedicado a tejer prendas personales y para el uso casero?

DOÑA FLOR: Más que nada hemos empezado este negocio cooperativo por causas económicas, todas tenemos una familia grande y aunque no vamos mucho a la ciudad, la ciudad viene a nosotros. Es decir, ahora los hijos quieren televisión y patinetas y ropa diferente a la nuestra; con lo poco que los maridos ganan apenas se puede comprar lo necesario para poder vivir, ¿ve, señor Vargas?

SR. VARGAS: ¿Y cómo organizaron el grupo? ¿Cómo funciona este negocio?

DOÑA FLOR: Primero que nada, aquí todas somos iguales, nadie es más ni menos que otra. Ahora, como usted sabe todas tenemos un telar pequeño en casa, es muy primitivo, muy simple, pero nos ha servido para trabajar por siglos; saber tejer es tan importante para nuestras mujeres como saber cocinar o cuidar a los hijos. Entonces todo fue muy simple, sólo teníamos que organizarnos. ¿Sabe usted? Cuando los turistas y los vecinos de otros pueblos venían durante el sábado, día de mercado aquí, muchos querían comprar lo que teníamos puesto, ¡imagínese usted! Eso nos dio la idea. Cada una trabaja en casa y cuando termina el proyecto lo lleva al almacenito que tenemos y ahí se alista para la venta.

SR. VARGAS: Muy bien, qué buenos logros. Y dígame, ¿cuáles son las necesidades básicas de esta pequeña industria?

DOÑA FLOR: Ahora que tenemos un taller y un almacén lo único importante es el material, que consiste en hilos de diferentes colores y tamaños, que es lo que necesitamos para tejer toda clase de prendas. Los diseños no son un problema, ya que usamos los mismos que siempre hemos usado en lo que tejemos, los de nuestra cultura. Cada una de nosotras puede escoger el diseño apropiado. Pero, no existen dos diseños iguales, cada prenda de vestir es una obra original… y créame, eso es lo que la gente busca y lo que le gusta.

SR. VARGAS: ¿Y cómo piensan incrementar el negocio?

DOÑA FLOR: Ahora vamos a otros pueblos durante las ferias. Además a este pueblo vienen muchos turistas que son nuestros mejores clientes. Imagínese que nuestros productos se han visto hasta en Nueva York…

SR. VARGAS: Señora, permítame felicitarla por su espíritu artístico y emprendedor. Les deseo mucho éxito en el futuro y muchas gracias por su agradable cooperación.

DIALOGUE NUMBER 3

Escucha una entrevista emitida por un programa de radio.

ROSARIO: Bienvenidos a nuestro programa "Triunfo". El programa que celebra el éxito de nuestro pueblo y explora las posibilidades para que Uds., nuestros radioyentes, aprendan, se inspiren y continúen en camino a conseguir el éxito. Esta tarde tenemos como invitado al Sr. Jaime Hurtado, presidente de *Latin Toys*, una de las compañías que más ha crecido dentro de este campo en los últimos diez años… Muy buenas tardes, es un gran honor para nosotros que Ud. nos haya dado unos minutos en su ocupado día para hablar de su éxito.

SR. HURTADO: Gracias, Rosario. Para mí siempre es un placer poder hablar sobre cómo llegué donde me encuentro ahora. Lo hago con la esperanza de que otros inmigrantes se entusiasmen y no pierdan la esperanza de llegar a tener éxito en cualquier negocio en que ellos crean.

ROSARIO: Bueno, ¿cómo le vino la idea de empezar un negocio de juguetes en un mercado donde ya existían grandes corporaciones bien establecidas?

SR. HURTADO: Como sabe, nací en Cuba y a causa de la situación en mi país, mi familia nunca tuvo la oportunidad de darnos a los niños muchos juguetes en las Navidades… era un milagro a veces recibir uno. Además, al pasar del tiempo muchas de las festividades tradicionales estaban prohibidas. Así, que siempre me propuse entrar en un negocio para darles el placer a los niños que yo nunca pude recibir… un regalito de los Reyes Magos.

ROSARIO: ¿Qué tipo de juguetes recibían los niños bajo esas condiciones?

SR. HURTADO: Los juguetes eran simples, la mayoría hechos en casa de algún carpintero… carritos, rompecabezas, muñecas simples, trompos… bueno, lo que se pudiera hacer con buena imaginación y los pocos materiales disponibles.

ROSARIO: Claro, ahora comprendo un poco el tipo de juguetes que su compañía produce…

SR. HURTADO: Sí, hemos tratado de crear juguetes interesantes, que los niños disfruten y que a la misma vez usen su imaginación y creatividad. Como sabe, los juguetes de hoy día son casi todos electrónicos y muchas veces no requieren mucha imaginación, pues lo único que el niño o la niña tiene que hacer es apretar un botón… sin tener que pensar mucho.

ROSARIO: Otra cosa que he podido apreciar es que sus juguetes tienen… como diría… tienen rasgos hispanos…

SR. HURTADO: Sí, no sé si todos aceptarían esa descripción, pero tiene razón. Tratamos de satisfacer el mercado norteamericano, pero también estamos conscientes de la población latina en Estados Unidos y tratamos de hacer resaltar nuestra cultura cuando es posible, ya sea con el diseño de un rompecabezas o con muñecos que se parecen a nosotros. Últimamente hemos sacado al mercado una serie de muñecas con vestidos típicos de Latinoamérica y siempre estamos buscando otras ideas similares…

ROSARIO: Ud. y los trabajadores de su compañía parecen estar muy involucrados en la comunidad hispana de Estados Unidos…

SR. HURTADO: Tenemos un gran número de diseñadores que son de ascendencia hispana pero al mismo tiempo, tenemos empleados de unos veinte países de todo el mundo. Ellos han aceptado la filosofía de la compañía de construir juguetes interesantes, instructivos y que no cuesten mucho. De ellos mismos salió la idea de participar en actividades benéficas para ayudar a familias que normalmente no tienen el dinero para comprar juguetes para sus hijos. Durante todo el año cada empleado trabaja un promedio de unas cinco horas extra a la semana y el dinero que normalmente ganan por esas horas lo contribuyen a un fondo que durante las Navidades permite distribuir juguetes a familias pobres, a niños en los hospitales o a cualquier otro lugar donde haga falta traer una sonrisa a la cara de un niño.

ROSARIO: Me parece fenomenal. Y sin duda alguna, tener una persona como Ud. al mando les anima a hacer estos sacrificios para el bien de otros.

SR. HURTADO: Gracias, pero el reconocimiento se lo merecen ellos. Eso sí, siempre declaré antes de comenzar este negocio que no importaría en qué negocio me metiera, que si tenía éxito no sería un éxito total hasta que no aportara algo a la comunidad y al país que tanto ha hecho por mí.

ROSARIO: En ese caso, verdaderamente ya ha conseguido el éxito verdadero. Y para terminar nuestra charla, ¿qué consejos le daría Ud. a un radioyente que tiene el sueño de empezar un negocio?

SR. HURTADO: Primero, lo esencial, lo fundamental es que la persona tiene que creer, confiar en el negocio. Segundo, no dejarse defraudar por las piedras que encontrará en su camino. La lucha va a ser dura, pero si hay convicción, el éxito eventualmente le tocará a la puerta.

ROSARIO: Excelentes consejos. De nuevo, muchas gracias por haber estado con nosotros esta tarde. Mucho éxito y los mejores deseos para Ud. y su familia…

SR. HURTADO: Gracias, Rosario… ha sido un gran placer…

DIALOGUE NUMBER 4

Vas a escuchar una entrevista en diferido que fue emitida en un programa de radio.

NARRADORA: Hola, amigos. El siguiente programa fue emitido el jueves pasado. Hoy ofrecemos el programa en diferido y verán en pantalla la dirección del correo electrónico para aquellos que deseen compartir sus comentarios con la Sra. Cocuyame. Hoy no se recibirán llamadas telefónicas.

MALE: Danila Cocuyame es peruana. Estudió Derecho y se dedica al periodismo. Bienvenida.

DANILA: Gracias y ante todo, saludo a toda la televidencia y a su programa.

MALE: Pronto estará a la venta un libro suyo, *El poder político en el siglo XXI*, que resalta el papel cada vez más influyente que desempeña la mujer en la vida pública en las sociedades hispanas.

DANILA: He dedicado más de una década a estudiar el poder político de la mujer en nuestras culturas. No me refiero a la dominación de la mujer, sino a la inclusión de la mujer y su labor en diversos campos, pero especialmente la política y el gobierno.

MALE: ¿A qué se debe el visible aumento de la participación de la mujer hispana en estos círculos de poder?

DANILA: Hay diferentes razones. El factor común más importante es el nivel de capacitación de estas mujeres.

MALE: ¿A qué se refiere, concretamente?

DANILA: Al campo de los estudios y al del trabajo. Muchas estudian ciencias políticas, derecho y otras áreas. Esto les permite ganar experiencia en sus puestos de trabajo y luego ser miembros del gabinete de un presidente o una presidenta. Algunas comienzan a destacarse en una empresa, y luego son elegidas a un escaño de un congreso.

MALE: ¿Nos puede dar ejemplos concretos? En Estados Unidos tenemos mujeres en la Cámara de Representantes y algunas Senadoras.

DANILA: Un ejemplo clarísimo es Nina Pacari, la primera indígena que llegó a ser Ministra de Exteriores de Ecuador en 2001. Fue un triunfo para ella, su etnia y en particular para su familia porque su padre alentó a sus ocho hijos e hijas a estudiar aunque él mismo no había terminado sus estudios primarios. Esta mujer logra romper la barrera de los prejuicios: el de ser mujer y el prejuicio racial porque es indígena. Su nombre en quechua significa "Fuego de Amanecer".

MALE: ¿Y qué nos dices de la candidatura de una mujer a la presidencia de Perú?

DANILA: Sí, recientemente en Perú Lourdes Flores se encuentra entre los candidatos a la presidencia. Tiene mucha experiencia, ya que en 1992 recibió el reconocimiento de El Foro Económico Mundial de Davos en Suiza como una de los doscientos líderes jóvenes del mundo. La revista *Time* la nombró entre los 100 dirigentes Iberoamericanos del presente milenio.

MALE: Es obvio que ser la primera es un honor.

DANILA: Naturalmente, pero es que no se trata solamente de una primicia: la primera mujer, o la primera mujer negra, o la primera indígena. Es sostener la presencia femenina en ese círculo tradicionalmente limitado al hombre.

MALE: ¿Qué cualidades comparten estas mujeres triunfadoras?

DANILA: Muchas son disciplinadas. Tener una visión clara de adónde quieren llegar. La fortaleza de carácter, estar dispuesta a ser criticada porque viven en la mirilla pública y si hay igualdad entre los sexos no puede haber concesiones a una mujer. Se dice que se exige menos de los hombres, y que a las mujeres les dan menos margen para el error.

MALE: Supongo que en su libro tendrá Ud. muchos más ejemplos. Se ha hablado mucho de las mujeres de Uribe, las de Zapatero, de tal o cual presidente pues son o han sido visibles en los gabinetes de Colombia, España...

DANILA: Sí, pero me parece de mal gusto. Parece implicar un grupo de señoras que sirve a un hombre. ¡Bromas machistas!

MALE: ¿Y presidentas? Con los dedos de la mano se pueden contar las mujeres que han llegado a ser Jefe de Estado en su país en el mundo entero. ¿Cree Ud. que seguirá ganando la mujer en este exclusivo grupo del poder?

DANILA:	Sí, pocas. En 2005, la primera mujer presidenta negra de Liberia, en África; en 2006, la primera presidenta electa en Chile, la Dra. Michelle Bachelet, presentó a su futuro gabinete, formado por el mismo número de ministros y ministras, lo que ya había prometido en su campaña electoral. Pero habrá más. El presidente de España, Rodríguez Zapatero, nombró a la catedrática Mercedes Cabrera Calvo Sotelo en 2006 para sustituir a su predecesora, otra mujer, María Jesús San Segundo.
MALE:	¿Por qué continuó apoyando a la mujer ese presidente?
DANILA:	Más que nada, por su astucia política. La Ministra Cabrera Calvo Sotelo era considerada la persona número dos de su partido político y el propio presidente declaró que la gran prioridad de su partido era la educación.
MALE:	O sea, que no nos sorprendería si la ministra llegara a ser presidenta. ¿Aspira Ud. a ser parte de un gabinete algún día no muy lejano? Espero que nos pueda dar una primicia.
DANILA:	Hasta el momento, no he contemplado esa posibilidad, pero, ¿quién sabe?
MALE:	Seremos los primeros en felicitarla cuando eso suceda. Y ahora, vamos a nuestros teléfonos para recibir las llamadas de nuestros oyentes. ¿Lista?
DANILA:	¡Lista! Será un placer.

DIALOGUE NUMBER 5

Vas a escuchar la entrevista del día del programa "Deportes alrededor del mundo".

FEMALE:	Deportes alrededor del mundo. El programa que destaca juegos deportivos populares en los cinco continentes… Hoy, tenemos como invitado especial a Antonio Berzegui, un deportista vasco que ya ha participado por muchos años en los tradicionales deportes de la región vasca. Antonio nos va a hablar sobre los deportes vascos. Buenas tardes, Antonio. Es un placer que nos visites en nuestro programa aquí en los Estados Unidos. ¿Estás de vacaciones?
ANTONIO:	No, ya quisiera… estoy aquí para participar en los juegos vascos de Boise, Idaho. Como ya sabes, en varias regiones de los Estados Unidos hay una gran población vasca. Y en Boise es donde se celebran los juegos vascos más concurridos en los Estados Unidos.
FEMALE:	Eso es interesantísimo, pero, ¿por qué no les damos a nuestros oyentes una idea de lo que son los juegos? A ver… ¿cuál es el origen de los juegos vascos?
ANTONIO:	Mira, los deportes tradicionales vascos tienen su origen en la vida del campesino, el *baserritarra*. Como vivía en un área rural muchas veces desolada, el *baserritarra* tenía que defenderse por sí mismo. Tenía que construir cercas de grandes piedras para proteger el ganado, tenía que cortar madera en los bosques, etc. Así que estos campesinos desarrollaban una fuerza y disciplina increíbles. Con el tiempo este desafío, este reto personal, llevó a algunos campesinos a mostrar sus habilidades y competir con otros en las plazas de los pueblos. El demostrar las capacidades físicas es algo que viene de las ricas leyendas vascas donde los héroes no usaban magia, sino sus fuerzas. Pero no fue hasta el siglo XIX cuando comenzó el verdadero auge de los juegos.
FEMALE:	¿Cuáles son algunos de los deportes que se incluyen en estas competencias?
ANTONIO:	Gran variedad… déjame explicarte los más populares… el arrastre de piedra, levantamiento de piedra, el corte de troncos con hacha, la siega o sea, la recolección de la hierba y hasta regatas.
FEMALE:	Tienes razón, estos deportes se basan en actividades agrícolas que los campesinos hacen a diario.

ANTONIO: Exacto… el mismo corte de troncos se debe al hecho de que los campesinos tenían que recoger madera para construir casas, etc., y al mismo tiempo cortar árboles para que el ganado pudiera llegar donde estaba la hierba. Mira, el deportista tiene que poseer fuerzas extraordinarias. Y no es levantar cualquier piedra. Las piedras pueden ser cúbicas, esféricas, rectangulares, etc…. son de diferentes pesos y el hombre tiene que levantarla del suelo a su hombro sin ningún otro mecanismo que su propia fuerza. Además, para mantener cierta igualdad, las piedras vienen de la misma cantera o de la misma roca.

FEMALE: En alguna ocasión he visto lo que llamamos aquí *tug of war*… pero en los juegos vascos parece representar un gran desafío.

ANTONIO: Tienes razón. La *sokatira* consiste en dos equipos de ocho personas que arrastran a otro equipo tirando de una cuerda. Cada equipo tiene un peso máximo determinado; por ejemplo, hay categorías de 560 kilos, 640, 720, existen categorías para jóvenes y otras para equipos de mujeres. Lo que hace la competencia difícil es que sólo pueden tocar el suelo con los pies y usar sus rodillas para arrastrar al otro equipo. Por ejemplo, no pueden apoyarse en el suelo con las manos, las manos siempre tienen que estar en la cuerda y no pueden apoyarse en los muslos con los brazos o la cuerda…

FEMALE: Nunca me había imaginado que hubiera tantas reglas. Ahora aprecio mucho más la preparación física que requieren tanto los hombres como las mujeres que participan.

ANTONIO: En efecto, hasta tenemos un pequeño maratón donde los participantes tienen que recorrer una distancia determinada en el menor tiempo posible… ¿fácil, verdad? Bueno, en este caso llevan bidones, barriles de leche. En otro caso los participantes recorren cuarenta metros dos veces con un saco de maíz en el hombro.

FEMALE: Oye, pero no me has hablado del juego de pelota.

ANTONIO: Bueno, te explicaba las actividades que requieren estar en gran forma física… aunque algunos peloteros se enojarían conmigo y dirían que esto no es cierto… Por supuesto que requieren estar en buena forma física, pero este deporte es un poco diferente a los otros.

FEMALE: No es el mismo juego de pelota que conocemos aquí, ¿verdad?

ANTONIO: No, es muy diferente. Hay varias modalidades y cada modalidad requiere un tipo de pelota diferente. Bueno, ya sabemos que se jugaba a la pelota en el Imperio Romano y también la jugaban los mayas y los aztecas. Originalmente eran dos equipos, pero una vez que se empezó a utilizar el caucho para fabricar las pelotas, esto permitió que la pelota rebotara contra la pared y así evolucionó el juego convirtiéndose en un juego "indirecto", o sea que la pelota vasca se juega golpeando la pelota contra una pared en frontones.

FEMALE: Y ¿la pelota vasca, tiene futuro?

ANTONIO: En varios Juegos Olímpicos se han hecho demostraciones y ahora ya está muy organizada. Hay federaciones, empresas, grupos de tecnificación y escuelas de pelota, *Ikaspilota*. Hay frontones en casi todos los estados de Estados Unidos.

FEMALE: Fantástico, Antonio. Nos has dado una buena idea sobre lo que son los juegos vascos. Espero que nuestros oyentes se entusiasmen e investiguen más sobre este interesantísimo aspecto de la cultura española… y, ¿por qué no? Quizás encuentren un frontón cerca de donde viven y descubran un nuevo deporte.

ANTONIO: Sí, así lo espero. Gracias por haberme invitado.

Escucha una entrevista con Evelyn Werther, diseñadora de joyas.

NARRADOR: Como cada domingo, les presentamos nuestro programa "Conozca nuestra América". Hoy visitamos a Evelyn Werther, quien como todos los días, trabaja en su joyería, "Mi-Oma", en Bogotá y ahora prepara la mercancía en las vidrieras. Evelyn nos invitó para mostrarnos su nueva colección de joyas. Su aspiración es llevar esta nueva colección a otros países del continente americano y sueña con exponerla en lugares como el Pabellón de Colombia en la Feria del Libro en Miami.

FEMALE: Evelyn, háblanos de tus creaciones. Estas joyas, ¿son de oro?

EVELYN: Casi todas, sí. Otras son de oro y cobre, que se llama la técnica tumbaga, pero todas son trabajo de orfebrería, de la elaboración artística de los metales preciosos. El diseño es mío y me inspiré en las obras de orfebrería de las culturas colombianas primitivas. Cosa que ocurre mucho en Colombia, por la riqueza cultural del país, pero cada artista le pone su toque personal, digamos… su perspectiva.

FEMALE: Hablemos un poco de cómo llega a inspirarte el arte de las culturas indígenas de Colombia. ¿Usaban el oro los indígenas de estas zonas de Colombia?

EVELYN: Sí, pero no tenía el valor que tiene hoy para nosotros. Al estudiar un poco la historia de estas culturas como la quimbaya y la tairona, descubrí que creían que el oro los acercaba al Sol y los poderes escondidos de este astro. Acumular oro no tenía sentido porque no tenía valor monetario.

FEMALE: ¿Para qué usaban el oro entonces?

EVELYN: Creaban imágenes de culto religioso para conectarse con lo divino y los poderes sobrenaturales. También el oro era usado para el rito funerario: enormes anillos para la nariz y máscaras funerarias con los que se enterraban a los jefes de las tribus. De ahí que en la época de la Conquista los españoles se dedicaran a buscar las tumbas donde estaban estas maravillas y no siempre las minas de oro.

FEMALE: Si encontraban la tumba, tenían el oro ya hecho obra de arte ahí, a la mano.

EVELYN: Sí, y siglos después y hasta nuestros días los buscatesoros que buscaban estas piezas las vendían fuera del país, a quien ofreciera más dinero. Precisamente, fuera de Colombia fue que descubrí yo las piezas más exquisitas. En uno de mis viajes a Europa, descubrí una colección impresionante en el Museo Británico de Londres, y en el Museo del Hombre, en París. ¿No te parece curioso? Es más, en otro de mis viajes, volví al país de mis abuelos, Alemania, y aunque tienen menos piezas, también descubrí algunas en museos de Berlín y Munich. Los europeos aprecian estas piezas exóticas para ellos. Ahora ya no, pero muchas piezas salían de Colombia para exhibirlas en el extranjero y no regresaban. Hoy tenemos el Museo del Oro en Colombia.

FEMALE: ¡Qué interesante! ¡Descubrir parte del pasado de América en Europa! Pero volvamos a tu trabajo. ¿Quién en tu familia te inspiró a escoger esta ocupación?

EVELYN: Pues, nadie. Bueno, siempre me ha gustado la orfebrería, trabajar los metales y sobre todo el oro. Pero mi padre era panadero y de él heredé la disciplina. Porque ser panadero es una ocupación muy sacrificada.

FEMALE: Por lo general, los hijos heredan de sus padres no sólo su carácter sino también una ocupación, una carrera.

EVELYN: En el caso de mis hijas, sí. Yo me dedico más al diseño y mis hijas al trabajo de moldear los metales. O sea, son las orfebres, digamos con las palabras de mi padre y esa expresión de nuestro idioma, las que ponen "las manos en la masa", o en este caso, los metales. [laughter/risa]

FEMALE: Y por último, Evelyn, ¿por qué se llama "Mi-Oma" tu tienda?

EVELYN:	Mencioné antes que mis abuelos eran alemanes. Mi abuela decía que la palabra "oma", que significa abuela en alemán, era la palabra más preciosa. Mis nietas también me llaman "oma" y me decidí por ese nombre.
FEMALE:	Evelyn, ¿quieres enviar un mensaje especial a la teleaudiencia para despedirnos?
EVELYN:	Ojalá visiten Bogotá pronto. Les invito a conocer el Museo del Oro y otros lugares de interés en nuestro país.
FEMALE:	Esto es todo por hoy, amigos. Nos despedimos desde Bogotá en esta edición de "Conozca nuestra América".

DIALOGUE NUMBER 7

Escucha una entrevista con la periodista Tamara Rojas sobre el gaucho.

JORGE:	Buenas tardes. Hoy tenemos como invitada especial a Tamara Rojas, una periodista argentina que en los últimos años se ha dedicado al estudio del gaucho y a su supervivencia durante decenas de años en la pampa argentina. Sus artículos han aparecido en muchas de las revistas y periódicos más influyentes de los países latinoamericanos. Hola, Tamara. Gracias por visitarnos en nuestros estudios.
TAMARA:	Hola Jorge, es un placer. Después de tantos años de conocernos, por fin nos encontramos para una entrevista.
JORGE:	Así es. Bueno, no perdamos tiempo y empecemos a dar a conocer al gaucho a nuestros radioyentes. ¿Por qué no nos defines al gaucho?
TAMARA:	Quizás la mejor manera de describirlo es decir que es el *cowboy*, el vaquero del área que se extiende desde la Patagonia hasta el estado del Río Grande del Sur, en el Brasil.
JORGE:	Y, ¿cuál es el origen de la palabra?
TAMARA:	Existen varias hipótesis. Sabemos que el vocablo *gaucho* se usó por primera vez durante la época de independencia de Argentina en 1816. Algunos dicen que proviene de la palabra quechua *huachu*, que significa huérfano, vagabundo. Otros dicen que viene del árabe *chaucho,* que era un tipo de látigo que se usaba para reunir el ganado.
JORGE:	¿Qué tipo de hombre es el gaucho?
TAMARA:	El gaucho es un jinete que se ocupa de la ganadería y de la agricultura, hombre valiente, rústico y muy hábil. Lo importante es destacar que se ha preocupado por la libertad y que tiene un noble corazón.
JORGE:	Y… ¿siempre ha sido así?
TAMARA:	Bueno, no. Por un tiempo fue el héroe en muchas luchas por la independencia, luego durante cierto tiempo tuvo mala fama y tuvieron que pasar muchos años para que se le volviera a considerar como el hombre generoso y siempre dispuesto a ayudar a los necesitados que se conocía antes.
JORGE:	Interesante… ¿y en qué tipo de guerras participó el gaucho?
TAMARA:	Cuando los ingleses invadieron Buenos Aires en 1806, el gaucho, con su coraje y gran habilidad para manejar el caballo, se enfrentó a los británicos y se vio victorioso más de una vez. También fue protagonista durante La Revolución de Mayo, luchando al lado del General San Martín en las campañas emancipadoras y en la ocupación del desierto. Allí también se enfrentó a las tribus indígenas en una lucha que duró por mucho tiempo.

JORGE: Ahora, uno de los nombres que muchos asocian con el gaucho argentino es Martín Fierro. ¿Quién fue Martín Fierro?

TAMARA: Es un poco cómico que aquellos que no conocen la literatura argentina piensan que en realidad existió. Martín Fierro es el protagonista del poema del mismo título del escritor José Hernández. Es un poema épico que narra la vida de este gaucho que fue reclutado para luchar contra los indígenas en la frontera. Hernández, el autor, nos presenta la vida romantizada de este gaucho pobre que va a la guerra, abandona el ejército y cuando trata de regresar a su casa descubre que sus tierras y su familia ya las ha perdido.

JORGE: Por supuesto, la obra es considerada la obra cumbre de la literatura gauchesca.

TAMARA: Sí, fueron obras que se centraban alrededor de la vida del gaucho, con un estilo evocador de las baladas argentinas llamadas *payadas*, baladas rurales. Lo que hace a "Martín Fierro" una obra importante es que en parte es una protesta en contra de las ideas del presidente Domingo Faustino Sarmiento y de sus tendencias a europeizar el país. Mira, se ha publicado en miles de ediciones y ha sido traducido a más de setenta lenguas.

JORGE: ¡Ah!, no sabía que hubiera tenido tanto éxito.

TAMARA: Sí, desde que vio la luz fue muy bien recibido por los críticos y con el tiempo se convirtió en un clásico de la literatura argentina. Fíjate que cuando se publicó la segunda parte del poema, ya se habían publicado unos 48,000 ejemplares, que para esa época era algo increíble. Jorge Luis Borges lo consideraba una de las grandes obras de la literatura argentina.

JORGE: Ahora, dime. ¿Existen todavía los gauchos?

TAMARA: Por supuesto. Claro está que han cambiado… como todo. Si vas al oeste de Buenos Aires en un barrio llamado Mataderos, encuentras un mercado ganadero donde los puedes ver. Su vestimenta se mantiene bastante tradicional aunque a los más jóvenes se les llama "los gauchos de jean" porque siguen cambiando debido a las influencias modernas, pero sí mantienen el espíritu tradicional del gaucho.

JORGE: Hablando de la vestimenta del gaucho, ¿cómo es?

TAMARA: Generalmente llevan el conocido poncho para protegerse del frío, el facón, que es un cuchillo grande, el rebenque o látigo y claro, los pantalones llamados bombachas. Además muchos llevan boleadoras que son tres piedras envueltas en cuero y amarradas con una correa de cuero de unos tres pies de largo; las usaban para defenderse y contener el ganado.

JORGE: Sí, ahora recuerdo haber visto pantalones gauchos en algunas tiendas.

TAMARA: Sí, en diferentes ocasiones han estado muy de moda. Y claro, provienen de las bombachas que llevan los gauchos.

JORGE: Bien, Tamara… nos has dado por lo menos una lección básica sobre el gaucho argentino en el poco tiempo que tenemos. Ha sido un gran placer habernos sentado por fin para charlar sobre uno de tus artículos. Espero que nuestros oyentes se animen a conocer más a tan distinguido personaje de la cultura argentina.

TAMARA: Gracias a ti. Y si tus radioyentes quieren conocer mejor al gaucho, les recomiendo que lean "Martín Fierro". Estoy segura que les ofrecerá una excelente introducción.

JORGE: Gracias de nuevo. Ahora, estimados oyentes, continúen sintonizados a Radio Cultura, la estación de nuestros antepasados, nuestro presente y por supuesto, nuestro futuro. Buenas tardes.

Escucha una entrevista con Diana Montenegro sobre la protección de los animales en peligro de extinción. Hoy nos habla sobre la vicuña.

ROLANDO: Diana Montenegro es una mujer licenciada en veterinaria que ha pasado los últimos cinco años trabajando en la Reserva Nacional Pampa Galeras en Perú. Esta reserva, con una extensión de 6.500 hectáreas y cuyo propósito principal es la protección de vicuñas, se encuentra a unas nueve horas de la capital, Lima. Buenos días, Diana. Hoy quisiera hablar de tus inicios e interés en esta área.

DIANA: Gracias, Rolando. Después de graduarme de la universidad tuve problemas en encontrar un puesto en el que verdaderamente pudiera usar mis conocimientos. Desafortunadamente todos los trabajos que había en mi región me limitaban en lo que verdaderamente quería hacer.

ROLANDO: ¿Y cómo fue que llegaste a conseguir este trabajo en la reserva?

DIANA: Un día me puse a pensar en mis experiencias previas y lo primero que me vino a la mente fue los meses que pasé en Perú durante mis estudios de bachillerato. Viví en Arequipa y en Ayacucho y todos los días estaba rodeada de bellos animales. Así que decidí llamar a la fundación que me había permitido participar en el programa y por suerte en ese momento estaban buscando una persona que se hiciera cargo del mismo programa en que yo había participado. Esa fue una gran ventaja. No lo tuve que pensar mucho. Fui a la entrevista, me ofrecieron el puesto y allí fui… de regreso a Perú.

ROLANDO: ¿Por qué no nos hablas un poco sobre la Reserva Nacional Pampa Galeras?

DIANA: Permíteme empezar explicando por qué surgió la reserva. Como sabes, la fibra, la lana que se obtiene cuando se esquila o se pela a la vicuña es un producto de mucho valor para hacer suéteres, abrigos y todo tipo de vestidos. Ya para finales de los años setenta la vicuña casi se había extinguido. Los cazadores mataban familias enteras de vicuñas para obtener su lana y como resultado sólo existían unas 8,000 en todos los Andes.

ROLANDO: ¿Ocho mil? Esa no es una gran cantidad. ¿Y cómo cambió la situación?

DIANA: Bueno, los países andinos, Perú, Chile, Argentina y Bolivia, con la ayuda de conservacionistas, el gobierno y organizaciones internacionales, pudieron dar un giro total y proteger este hermoso animal. El reto fue que la pobreza de los campesinos no permitía parar la caza de las vicuñas, pues ellos tenían que proveer para su familia y la idea de obedecer las leyes de protección era algo secundario. Entonces, hubo que buscar una manera de ayudar al campesino y al mismo tiempo salvar al animal. Pero a pesar de esto, el programa de conservación tuvo éxito.

ROLANDO: ¿Y cómo se consiguió quitar a la vicuña de la lista de animales en peligro de extinción?

DIANA: Primero se empezó a usar de nuevo una práctica que se remonta a la época de los incas. El *chaccu* era una actividad donde comunidades enteras de campesinos trataban de cazar grandes cantidades de vicuñas para quitarles su lana y luego dejarlas en libertad. Al persuadir a las comunidades rurales a usar este método, éstas vieron cómo el incentivo financiero para proteger a los animales valía la pena para luego obtener su preciosa lana. Por ejemplo, en Perú existían unos 180 chaccus y a pesar de que se recogían unos 1.500 animales a la vez, sólo el dos por ciento se hacía daño o se veía herido. La cantidad de animales que eran sacrificados disminuyó porque a los cazadores ilegales no les interesaba la vicuña una vez que se le quitaba la lana.

ROLANDO: Excelente idea. Es curioso cómo una práctica tan antigua ha ayudado a parar la extinción de la vicuña.

DIANA: Exacto. Los incas hacían los chaccus cada tres años, participaban miles de personas y animales. Aunque mataban unas pocas vicuñas, la mayoría eran usadas para obtener la lana. Es interesante que por la calidad y la suavidad de la fibra sólo el emperador y su corte podían usar ropa tejida de la lana de la vicuña. Y si encontraban a un hombre común con lana de vicuña, éste era ejecutado. Hoy un kilo de fibra de vicuña puede costar entre quinientos y seiscientos dólares, lo que la hace la fibra natural de más valor en el mundo.

ROLANDO: Oye, hemos hablado sobre tu trabajo, pero no hemos tocado el tema de las características de estos animales.

DIANA: Es que la cuestión de la conservación me preocupa mucho y siempre quiero hablar sobre eso para educar al público… La vicuña pertenece a la familia del camello, y probablemente la alpaca doméstica que todos conocemos es un pariente ascendiente de ella. Viven en pequeñas familias donde el macho es quien las protege. El periodo de embarazo de las hembras es de once meses y sólo dan a luz una cría. Esas crías llegan a pesar unos treinta y cinco kilos.

ROLANDO: Bueno, por lo menos ya la conocemos un poco mejor. Gracias, Diana, por tan interesante charla sobre las vicuñas. Como dices, parte de tu trabajo es educar, y espero que esta información ayude a comprender mejor la situación de las vicuñas en los Andes.

DIANA: Mil gracias por haberme dado la oportunidad. Y si alguno de los oyentes quiere más información, la página de la Red peruecológico.com.pe les ayudará con más datos interesantísimos.

ROLANDO: Otra vez amigos, la página de la Red es peruecológico.com.pe. Así terminamos nuestro programa hoy, estimados radioyentes. Hasta la próxima, en la misma estación y a la misma hora.

DIALOGUE NUMBER 9

La siguiente entrevista con el actor Eduardo Mendoza, fue emitida por un programa de radio.

MARIO: Y ahora, nuestra corresponsal especial, Soledad Barrios, nos presenta el segmento de entrevista de esta noche. Soledad pasó dos día en el *set* de la nueva película "Cuestión de orgullo" con Eduardo Mendoza y nos trae el siguiente reportaje. Soledad…

SOLEDAD: Gracias, Mario. Eduardo Mendoza ha regresado a la pantalla después de un merecido descanso de dos años. El actor boliviano que nos ha enojado en el papel del déspota heredero millonario en "Vivir para sufrir", nos ha hecho volver a creer en el amor puro en "Pasiones a la deriva", regresa ahora en la película "Cuestión de orgullo". Hoy lo encontramos en Chile, donde descansa después de un arduo día de filmación y nos permite hacerle algunas preguntas para nuestro programa. Gotas de sudor le ruedan por la frente después de un vigoroso encuentro con uno de los personajes de la película. Escuchemos ahora mi entrevista con él.

SOLEDAD: Gracias por pasar unos momentos conmigo, Eduardo. Tal parece que este papel requiere mucha actividad física, ¿cómo te preparaste?

EDUARDO: Sí, no pasa un día en que no tenga que correr, luchar con alguien o saltar de un edificio. Tuve la suerte que durante los dos años que no trabajé me concentré en ocuparme de mi salud y visitaba un entrenador tres veces por semana. Luego, por casualidad, leí el guión de esta película y me gustó el personaje… ya estaba físicamente listo para hacerlo.

SOLEDAD: ¿Qué fue lo que te llamó la atención sobre este personaje?

EDUARDO: Ismael Benavides es un hombre modesto, sin ninguna pretensión, que se ve involucrado en una intriga que al principio parece inofensiva pero que luego se convierte en una misión muy arriesgada a nivel internacional, con repercusiones enormes para varios países latinoamericanos. Ismael va de un oficinista común y corriente a un hombre con una misión casi imposible de realizar.

SOLEDAD: Parece que este papel en "Cuestión de orgullo" es muy diferente a los que has hecho hasta ahora. Siempre te hemos visto como el amante apasionado que lucha con el objetivo de conquistar a la mujer de sus sueños.

EDUARDO: Sí, hasta cierto punto eso es verdad. Pero recuerda que he hecho mucho trabajo en teatro también y allí los papeles han sido muy variados. Lo que sucede es que en la televisión, las novelas llegan a un público más numeroso y por eso me conocen más por esos papeles.

SOLEDAD: Como dices, ya estabas físicamente listo para el proyecto, pero… ¿te llevó mucho tiempo prepararte para interpretar a Ismael en esta entrega?

EDUARDO: Fue un proceso de más de un año. Como parte de la trama tiene lugar en la cárcel, hablé con muchos presos en varias cárceles y hasta me pasé una semana en una. Por supuesto, mi celda estaba un poco apartada de los otros presos pero quería tener la experiencia de vivir sin la libertad a la que generalmente le hacemos mínimo caso.

SOLEDAD: Estoy segura que esa experiencia te afectó algo, ¿verdad?

EDUARDO: Por supuesto. Eso es lo que hace esta profesión digna de reconocimiento en mi opinión. Cada personaje, cada experiencia, me ha permitido crecer como persona y espero que esto se refleje en mi relación con mi familia, mis amigos y como ciudadano de este maravilloso mundo en que vivimos.

SOLEDAD: ¿Sabías mucho sobre la política internacional antes de empezar a filmar?

EDUARDO: Muy poco. Aunque leo los diarios y veo los programas noticiosos, me di cuenta de que me faltaba un conocimiento más profundo. Tuve la suerte de haber conocido a un diplomático de la embajada boliviana que se había jubilado unos años atrás y pasó mucho tiempo conmigo. Nos reuníamos para cenar o almorzar y pasábamos horas charlando sobre el mundo diplomático. De esas charlas nació una íntima amistad y le estoy muy agradecido por los conocimientos que compartió conmigo.

SOLEDAD: ¿Piensas que estás logrando lo que quieres con el personaje?

EDUARDO: Bueno, no sé si estoy listo para criticar mi propio trabajo, eso se lo dejo al público. Lo que sí puedo decir es que todos los que trabajamos en este proyecto nos sentimos muy satisfechos con el trabajo que todo el elenco hizo.

SOLEDAD: ¿Y cuáles son tus planes para el futuro?

EDUARDO: Bueno, todavía nos quedan unas semanas para terminar este proyecto. He recibido algunos guiones pero estoy esperando… por mucho tiempo he querido dirigir una película y sobretodo ver si encuentro un personaje histórico al que le pudiera meter bien el diente. Un personaje de carne y hueso, que pudiera leer su biografía, investigar su vida, y llevarlo a la pantalla… tengo algunas ideas, pero necesito el guión apropiado.

SOLEDAD: Me parece una idea fabulosa. Mira, Eduardo, has sido muy generoso con tu tiempo después de un largo día. Aprecio mucho que nos hayas dado esta oportunidad y te deseo mucha suerte con el proyecto. Sería fantástico que habláramos de nuevo una vez que se estrene la película.

EDUARDO: Con mucho gusto, Soledad.

SOLEDAD: Queridos radioyentes, mi encuentro con Eduardo Mendoza fue verdaderamente una de las mejores experiencias que he tenido últimamente. Es un hombre compasivo, dedicado a su arte y sobretodo muestra una gran inteligencia. Estén al tanto y no se pierdan el estreno de "Cuestión de orgullo" el próximo abril. Buenas noches.

─────────────── **DIALOGUE NUMBER 10** ───────────────

La siguiente entrevista es sobre un evento especial: "Albuquerque a los 300 años: Celebración de tres siglos de tradición, cultura y progreso".

IGNACIO: Recientemente la ciudad de Albuquerque en Nuevo México ha estado en las noticias frecuentemente. Después de nuestra entrevista Ud. verá por qué esta ciudad es digna de tantos reportajes. Hoy tenemos como invitada especial a Dolores Tejada, quien nos informa sobre los acontecimientos que tienen lugar en esta gran ciudad… Buenas tardes, Dolores… gracias por visitarnos… a ver, ¿qué está pasando en Albuquerque que ha llamado tanto la atención de todo el país?

DOLORES: Buenas tardes, Ignacio. Este año conmemoramos el 300 aniversario de la fundación de la ciudad de Albuquerque. Desde abril a octubre cada mes celebrará un tema específico a Albuquerque y su historia. El nombre de la celebración traducido al español es "Albuquerque a los 300 años: Celebración de tres siglos de tradición, cultura y progreso".

IGNACIO: Oye, ¿me puedes explicar algo? Algunas veces veo el nombre escrito *Alburquerque* y otras *Albuquerque*. ¿Es un error?

DOLORES: No, no es necesariamente un error. En abril de 1706 el gobernador Francisco Cuervo y Valdés le escribió una carta al Duque de Alburquerque, el virrey de Nueva España anunciándole que había fundado un pueblo en las orillas del Río Grande con el nombre de Villa de San Xavier de Alburquerque.

IGNACIO: Claro, ahora comprendo de donde viene el nombre… pero no explica el deletreo…

DOLORES: Por supuesto, le dio este nombre para honrar al Duque. Según dicen algunos, aparentemente cuando Estados Unidos ocupó esa región, los americanos no podían pronunciar el nombre con las dos "r" y así fue como se perdió el deletreo original. Pero en la ortografía vieja se usa de vez en cuando. Así que encontrarás ambos deletreos de la palabra.

IGNACIO: ¿Y quiénes vivían allí antes de la llegada de los españoles?

DOLORES: Verdaderamente era un pequeño poblado agricultor de varias familias de indios nativos americanos cuando llegaron los colonizadores españoles. En realidad vivían una vida de constante inquietud. No sólo trataban de sobrevivir económicamente sino que también tenían que estar al tanto de los ataques de los navajos y los apaches, y también luchar contra las enfermedades.

IGNACIO: Mira lo que me encanta de Albuquerque es la arquitectura…

DOLORES: Si caminas por la ciudad te darás cuenta inmediatamente que fue construida al estilo de muchos pueblos coloniales de España. Una plaza central, casas y edificios del gobierno alrededor de la plaza y por supuesto una iglesia. La herencia cultural e histórica española se mantienen bien conservadas en la arquitectura, y caminar por las calles es casi como estar en un museo. La iglesia original se desplomó en 1792 y el gobernador de la época ordenó a cada familia a contribuir con dinero o con su trabajo para reconstruirla, y al año siguiente comenzó la construcción de la Iglesia San Felipe de Neri.

IGNACIO: Interesantísimo… la última vez que estuve allí recuerdo haber oído que Albuquerque tuvo algo que ver con la Guerra de Secesión, ¿verdad?

DOLORES: Sí, en 1862, Albuquerque se vio involucrada en la Guerra de Secesión, fue ocupada brevemente por tropas de la Confederación bajo el General Henry Hopkins Sibley. Si regresas, ve al museo de la ciudad y podrás ver dos de los cañones que las tropas de la Confederación enterraron en la plaza. ¿Sabes qué? En ese mismo año por treinta seis días Albuquerque fue la capital de la Confederación en Nuevo México.

IGNACIO: Sé que estamos saltando un poco de tema a tema. Pero quiero que nuestros oyentes tengan una idea de las diferentes facetas culturales e históricas de esta gran ciudad. ¿Cómo surgieron los nombres de Pueblo Nuevo y Pueblo Viejo para referirse a dos partes diferentes de la ciudad?

DOLORES: Cuando llegó el ferrocarril en 1880 hubo necesidad de instalar las vías y al mismo tiempo asegurarse de que el río no inundara el pueblo. Con la llegada del ferrocarril el área comercial que surgió cerca de las vías ferroviarias se convirtió en el Pueblo Nuevo, o Nuevo Albuquerque, y la comunidad original Pueblo Viejo.

IGNACIO: Bueno, dos preguntas más… la primera… ¿qué me puedes decir del español que se habla por esa parte?

DOLORES: La verdad es que no es algo típico de Albuquerque solamente, es el español que se habla por casi todo Nuevo México. Es un español que se ha transmitido oralmente por generaciones, pero que al mismo tiempo se está perdiendo por la desaparición de los ciudadanos ya mayores, la influencia de los nuevos inmigrantes, y por supuesto, el inglés. Encuentras a personas que todavía hablan las lenguas indias y esto ha influido en el español también. Es un español un poco arcaico con palabras como *naiden* para decir *nadie*, *truje* para la palabra *traje*, *vide* en lugar de *vi*, etc. Pero como te decía, toda esta mezcla y riqueza del lenguaje se va perdiendo poco a poco.

IGNACIO: La segunda pregunta, ¿cómo llegó Albuquerque a ser conocida como la capital mundial de globos de aire caliente?

DOLORES: Este mismo año esta conocida fiesta internacional va a cumplir treinta y cuatro años. La historia es un poco larga, pero te daré algunos datos. La primera vez que un globo de aire caliente voló sobre Albuquerque fue en 1882 para la celebración del cuatro de julio. Empezaron a llenar de aire el globo a las cinco de la tarde el día tres y el próximo día a las seis y cuarto solamente estaba llena una tercera parte. Pero de todas maneras tomó vuelo. Después hubo varios intentos, algunos exitosos, otros no. En los años setenta fue cuando verdaderamente se formalizó la competencia internacional, *The World Balloon Championship*. Lo que se conoce como *Albuquerque International Balloon Fiesta* se ha convertido en el evento de globos de aire caliente más grande del mundo y por eso es que a Albuquerque se le ha nombrado "La capital mundial de globos de aire caliente", a la cual asisten miles de turistas todos los años.

IGNACIO: Bueno, amigos radioyentes, como han podido escuchar en esta breve entrevista, hay bastante historia en Albuquerque… así que ya pueden comprender cómo cada mes desde abril hasta octubre se le va a dedicar un mes a un aspecto de la ciudad y su hubo. Esperamos que algunos de ustedes tenga la oportunidad de participar en los eventos planeados… Gracias, Dolores… estoy seguro que vas a estar muy ocupada en los próximos meses… Ha sido un placer que nos hayas visitado.

DOLORES: Gracias a ti… y espero que tú nos visites también.

Part D Long Narratives

Directions: You will now listen to a selection of about five minutes duration. First you will have two minutes to read the questions silently. Then you will hear the selection. You may take notes in the blank space provided as you listen. You will not be graded on these notes. At the end of the selection, you will answer a number of questions about what you have heard. Based on the information provided in the selection, select the BEST answer for each question from among the four choices printed in your test booklet and fill in the corresponding oval on the answer sheet.

Instrucciones: Ahora escucharás una selección de unos cinco minutos de duración. Primero tendrás dos minutos para leer las preguntas en voz baja. Después escucharas la selección. Se te permite tomar apuntes en el espacio en blanco de esta hoja mientras escuchas. Estos apuntes no serán calificados. Al final de la selección, elige la MEJOR respuesta a cada pregunta de las cuatro opciones impresas en tu libreta de examen y rellena el óvalo correspondiente en la hoja de respuestas.

NARRATIVE NUMBER 1

Ahora vas a escuchar una corta conferencia sobre los mercados sudamericanos.

NARRADOR: Los mercados son una gran ventana a las culturas extranjeras. Allí, entre los campesinos que venden granos, hortalizas, frutas, comidas preparadas, ganado y artesanías, y cuya manera de vestir y hablar está menos influida por las tendencias extranjeras, he aprendido mucho de lo que sé del mundo; especialmente de las regiones menos desarrolladas, donde las costumbres son más tenaces. Estos coloridos centros comerciales y sociales son parte de la perenne fisionomía de la cultura popular de América del Sur.

La gente no se siente intimidada por la cámara de un extraño. Con la excepción de un par de aborígenes andinos en Ecuador y Bolivia que, un poco en broma, me arrojaron frijoles y pequeñas papas cuando los enfoqué con mi cámara, en general el resto confía en mis buenas intenciones. Como son amigables por naturaleza, suponen que yo también lo soy. No me censuran ni tratan de ocultarse. En Colombia, donde no se ven muchos turistas, a veces están bien predispuestos a posar, aunque actúan naturalmente si se les pide. «¡Hey, gringo!», me llaman, «Ven. Vamos a conversar».

Son curiosos y tranquilos, y están tan interesados en mí como yo en ellos. «¿De dónde eres? ¿Por qué estás aquí?» Aunque a menudo son pobres, insisten en ofrecerme una fruta que es común para ellos, pero exótica para mí.

Los mercados de América del Sur son tan diferentes entre sí como sus ciudades y su gente. Entre Colombia y Argentina, hay más variedad en cualquier extensión de cien kilómetros que en cualesquiera dos puntos del inmenso territorio del Canadá y los Estados Unidos o entre los países europeos. La diferencia reside principalmente en la geografía, el clima, la raza, la cultura, la forma de vestir y hablar e incluso el vocabulario. Pero también en los productos agrícolas y manufacturados que se venden y el tipo de vehículos o animales utilizados para transportar a la gente y las mercaderías.

Los artículos comunes, como las canastas y los sombreros, tienen sus propios diseños regionales. Sin embargo, no todos los mercados ofrecen una variedad de artículos. En Colombia, por ejemplo, un mercado de Armenia, en el Quindío, se dedica exclusivamente a la venta de plátanos, y otro en El Peñol, Antioquia, a la venta de tomates. Aun así, estos mercados son tan peculiares y llamativos como los demás: allí pueden verse las *chivas*, unos camiones artísticamente pintados y con muchos bancos de madera duros y apretados, que sirven de autobús y llegan tan abarrotados de pasajeros que parecen un transporte de refugiados.

Tradicionalmente, los mercados pueden encontrarse en la plaza de la ciudad. En algunas ciudades, como Riobamba, Ecuador, se realizan siete mercados en diferentes lugares el mismo día, según el producto de que se trate. En otros, como Ambato, también en Ecuador, el mercado se extiende por las calles de toda la ciudad. Y en Quilidó y Bocas de Satinga, en la selva tropical del Chocó colombiano, se realizan en canoas en las aguas de los ríos.

Los mercados que comercian animales ofrecen el mayor espectáculo, si bien carecen del colorido y los sutiles aromas. En esos mercados, los aldeanos están tan absortos negociando el precio de una vaca o un cerdo, hablando a menos de medio metro de distancia entre sí y rodeados de visitantes, que yo paso inadvertido, aunque les tome muchas fotografías. Podría hacerse todo un estudio sobre la forma en que las ovejas y los cerdos llegan al mercado: atados o arrastrados de una bicicleta, envueltos en ponchos cargados en la espalda, en canastos que se llevan en la cabeza, colgados de las patas, cabeza abajo, en un costado de esas terriblemente incómodas chivas, o mezclados entre los pasajeros. He llegado a ver hasta veinte pollos adentro de una bolsa de plástico atada, con sus cabezas asomando por un pequeño agujero por el que respiran. Seguramente, los propietarios de las chivas nunca han viajado en la parte trasera de sus vehículos, y los granjeros no se han detenido a analizar el miedo y la indignación casi humanos reflejadas en los rostros de esos pobres animales, que deberían conmoverlos más profundamente que sus más estridentes protestas.

Pero los mercados también son una gran ocasión para celebrar. A veces demasiado. En el mercado, además de vender los productos y con las ganancias comprar otros artículos necesarios para la familia, también es posible ver vendedores de hierbas curativas y lotería, adivinos, encantadores de serpientes, riñas de gallos y, por supuesto, viejos amigos, en un ambiente a menudo inundado de música.

Si existe un lugar donde la comida puede llamarse casera es en el mercado. Allí es posible encontrar el tipo de comida que preparaba la bisabuela, fresca, caliente, saludable y aromática como las hierbas y hortalizas que se utilizan en su preparación, y aseada, ya que las mujeres cocinan frente a sus clientes. Es posible probar algo nuevo, como la carne de llama, cabra o conejillo de Indias. También es posible conseguir tacos, tamales, arepas, sancocho, chupe de chivo, empanadas, locro y papas a la huancaína.

Los mercados sudamericanos han evolucionado con los tiempos y con la suerte de sus países. Si bien en general se han vuelto más prósperos, en 1983, durante una crisis económica, parecía que muchos habitantes de Buenos Aires estaban poniendo a la venta la platería de la familia en el mercado de antigüedades de San Telmo. En 1971 el empobrecido mercado de Otavalo comenzaba antes del amanecer y duraba hasta las nueve de la mañana. Hoy día, debido principalmente a que los turistas se levantan tarde, el mercado no comienza sino hasta después de las nueve y dura todo el día, y los indios otavaleños parecen gozar ahora de una mejor condición económica.

Muchos mercados, para la alegría de vendedores y clientes, están trasladándose a lugares cerrados donde el confort es mayor, pero por desgracia, también aumenta la uniformidad internacional. Pero para el viajero, para el extranjero, este traslado significa la pérdida de un espacio para pasear tranquilamente, para observar a la sombra de la fuerte luz tropical, pero quizá más importante, significa bajar una persiana de la amplia ventana que nos permite ver otros mundos.

Ha terminado esta selección. No se leerán las preguntas en voz alta. Ahora empieza a trabajar. Te quedan dos minutos para elegir las respuestas.

--------- **NARRATIVE NUMBER 2** ---------

Ahora vas a escuchar una corta conferencia sobre Pau Casals, el músico de la paz.

NARRADORA: A Pau Casals se le encuentra en los libros como uno de los grandes mitos de nuestra cultura, como una figura universal, como un genio de la música. Pero entre esta definición y la realidad hay todavía un abismo. Y es que Pau Casals sigue siendo hoy un desconocido para la mayoría de los españoles. El largo exilio voluntario le impidió contactar con su país en los mejores años de su vida. Incomprensiblemente, tras su muerte, España no lo ha recuperado, ni por su nacionalidad ni por su trabajo, como personaje clave de su patrimonio cultural. Puerto Rico es hoy el país que más sabe de él, y Japón, donde sus CDs alcanzan mayor cifra de ventas.

Pau Casals no recibió nunca el regalo de una campaña promocional. Así, su nombre sigue asociándose equivocadamente a esa imagen poco nítida en blanco y negro, a ese hombre calvo, con gafas redondas y con la mirada baja inclinada hacia su violonchelo. Una imagen poco sugerente que le impide llegar al público de hoy. Pero más que a través de fotografías, a Pau Casals se le puede y debe conocer por su música. Sus notas no sólo transmiten serenidad y tristeza, sino también todos aquellos valores que nos confirman que es verdad que estamos ante uno de los más grandes músicos clásicos de todos los tiempos.

Personalidad, talento y buena relación con la familia y el entorno se mezclan, cual fórmula mágica, en su currículum. Todo ello aliñado con una serie de casualidades bien encauzadas aunque sin rumbo fijo, porque nadie podía prever lo que el futuro deparaba a aquel niñito. Ni tan siquiera su madre, que lo mantuvo firme en la vía musical desde que supo que algo estaba ocurriendo entre la música y su hijo, podía adivinar que les estaba aguardando una vida de conciertos, viajes y reconocimiento internacional. Pero también hubo espacio para la amargura en sus vidas, pues Casals nunca aceptaría vivir en su país bajo la dictadura del General Franco. Sintió el dolor del exilio, añoró su tierra y en él crecieron sentimientos nacionalistas. Ante los intentos aniquiladores del franquismo, remarcó internacionalmente la existencia de una cultura catalana y se aferró a su esencia. Pau Casals lograría transmitir este sentimiento a la comunidad internacional, porque había encontrado en la música el idioma universal que necesitaba para expresarse.

Pau Casals nació en El Vendrelí en Tarragona el 29 de diciembre de 1876. Desde muy pequeño estuvo en contacto con el mundo musical, ya que su padre era el organista del pueblo. Con doce años ingresó en la escuela Municipal de Barcelona, donde empezó a dedicarse a la práctica del violonchelo. Nunca quiso aceptar la rigidez académica que obligaba a inmovilizar el brazo derecho.

El movimiento natural de los dos brazos permitía dar a la mano izquierda más movilidad sobre las cuerdas, y a la mano derecha, una posición del arco mucho más eficaz. El jurado de la escuela reconoció enseguida que esta forma de tocar abría nuevos caminos a la interpretación con este instrumento. Después, el músico perfeccionaría sus estudios con prestigiosos maestros. En su formación fueron decisivas las recomendaciones efectuadas por Isaac Albéniz y el conde De Morphi, secretario de la reina regente de España María Cristina de Habsburgo. Con tan sólo veintitrés años, Pau Casals inicia su carrera internacional interpretando su música en los escenarios más importantes de la época. Su nombre empieza a sonar como el mejor violonchelista de todos los tiempos. Sus amigos le llaman maestro.

La Guerra Civil y la Segunda Guerra Mundial marcaron un nuevo rumbo en su vida. Hasta ese momento, Casals sólo había actuado en público en su calidad de músico. A partir de entonces, se convierte en un paladín infatigable de la paz, la libertad y las minorías oprimidas. "Nadie ha hecho más bella la libertad que Pau Casals", dijo John F. Kennedy. Casals no fue un mero testigo de los grandes acontecimientos que han convulsionado la historia reciente; actuó defendiendo con energía sus principios. Utilizó la proyección internacional que le proporcionaba su preeminente nivel de violonchelista para denunciar la injusticia y el terror. Se negó a tocar en los actos que organizaban los regímenes fascistas italiano y alemán; durante la Guerra Civil actuó recaudando fondos para el ejército republicano y durante la Segunda Guerra Mundial se mantuvo igualmente activo en favor de prisioneros y exiliados.

En 1948 Pau Casals se exilia en el sur de Francia en Prada de Conflent y jura no interpretar nunca más en público mientras Franco permanezca en el poder: "Mientras no se establezca en España un régimen respetuoso con las libertades fundamentales y con la voluntad popular". Durante treinta años su violonchelo enmudeció, un silencio que sólo se rompió en contadas ocasiones. En 1961, por ejemplo, tocó en la Casa Blanca por invitación del Presidente Kennedy, quien, después de escuchar "El cant dels ocells", exclamó: "Ha hecho que nos sintamos humildes". Desde 1960, con la difusión por todo el mundo del oratorio "El Pesebre", Pau Casals se convirtió, en plena Guerra Fría, en el músico portador de un mensaje de paz. Como eminente figura musical y por su activismo en favor de los derechos humanos, fue invitado por el Secretario General de la ONU a hacer una nueva composición del himno de este organismo. Casals aceptó, y el 24 de octubre de 1971 ofreció en concierto el "Himno de las Naciones Unidas", con texto de W.H. Auden. En este acto le fue otorgada la Medalla de la Paz.

Casals fue muy duro con los demás y consigo mismo. No admitía amaneramientos ni sentimentalismos fáciles. Llegar a la perfección que él buscaba no era fácil. Y es que lo que mejor le define como músico es su carácter obstinado. En muchas situaciones, sus principios le llevaban a la intransigencia. Se enfrentaba a directores de orquesta y musicólogos. Su mejor aliado: la sencillez; su enemigo: la prepotencia. Todos los que le conocieron aseguran que Pau Casals no hubiese sido un gran músico si no hubiese sido un gran hombre.

NARRATIVE NUMBER 3

Escucha la siguiente selección sobre la papa.

NARRADOR: Parece increíble que en tiempos pasados gran parte del mundo no conociera la papa. Hoy día la papa es tan común que la podemos encontrar en cualquier supermercado, pero hace menos de quinientos años sólo la conocían los indios que desde tiempos inmemoriales vivían en las alturas de los Andes. No fue sino hasta mediados del siglo XVI que la papa llegó a conocerse en el resto del mundo. Los hombres que la "descubrieron" no se dieron cuenta de que habían dado con algo mucho más valioso que el tesoro de las Indias que buscaban con tanto ahínco.

Los incas sí se habían dado cuenta del valor de esa planta alimenticia, que se cultivaba en elevaciones donde no se podía cultivar ninguna otra cosa, y desarrollaron una manera compleja de cultivarla en terrazas en las laderas de las montañas.

Aunque no se conocen ni la fecha ni el lugar exactos en que los españoles se encontraron por primera vez con la papa, los historiadores suelen mencionar el decenio de 1530 y la zona fronteriza entre el Ecuador y el sur de Colombia. Lo que sí sabemos con absoluta certeza es que su descubrimiento constituyó un hecho importante en la historia de la humanidad.

Unos treinta años después de ser descubierta, la papa llegó a España, desde donde fue difundiéndose lentamente por Europa hasta llegar a extenderse por el mundo entero. La historia de la papa está llena de misterios, intrigas y supersticiones y leyendas. Los hombres la han adorado, se han sacrificado y luchado por ella, le han tenido miedo y han sobrevivido gracias a ella. Es la única hortaliza que ha dado nombre a una guerra: la llamada *Kartoffelkrieg* o Guerra de las Papas de 1778 a 1779, entre Prusia y Austria, en la cual los ejércitos enemigos se robaban uno a otro las papas y se las comían hasta que se acabaron y dejaron de guerrear.

La papa fue el primer alimento que la humanidad aprendió a conservar a base de congelación y deshidratación en las nieves andinas, hace dos mil años. La papa congelada o seca, llamada *chuño*, todavía se considera una exquisitez en los países de los Andes. Con las papas se puede hacer vodka, cola y combustible para autos. Las papas pueden cocinarse de tantas maneras que hay para satisfacer todos los gustos y bolsillos.

La primera mención escrita de la papa se halla en *La crónica del Perú*, de Pedro Cieza de León, escrita en 1550. Cieza habla de una planta, que no es el maíz, que los habitantes de una zona cercana a Quito usaban principalmente como alimento. Sin embargo, pasaron dos siglos antes de que se reconociera la importancia de la papa. Cuando llegó a Europa, unos treinta años después de su descubrimiento, la papa fue acogida con temor, desdén y reconfianza. Los únicos que la incorporaron a su dieta desde el principio fueron los irlandeses, pues vino a llenar un vacío en su país tan necesitado de un alimento básico. En otros lugares, las papas se usaron como plantas ornamentales. La papa también servía de alimento para el ganado y, por lo general, se creía que en las personas causaba raquitismo, lepra y otras enfermedades.

Sin embargo, no hay cifras que den una idea adecuada de las posibilidades de la papa. Con sólo visitar un mercado de hortalizas de un país andino se aprecia la papa en todo su esplendor. Hay papas de todos los tamaños, formas y colores imaginables, ordenadas cuidadosamente en montones dispuestos en hileras. No obstante, cada una tiene su función particular: según su sabor, su consistencia y su textura sirven para acompañar un plato u otro.

Si ustedes están interesados en saber más sobre la papa, la respuesta está en Washington, D.C., donde se puede visitar el Museo de la Papa. En este museo se ponen de relieve la historia, el uso y la importancia de la papa a través de un espectacular despliegue de recuerdos y objetos de todas clases. El fundador de esta singular institución cultural fue un maestro joven, E. Thomas Hughes II. El nunca les había prestado mucha atención a las papas hasta que fue a trabajar a Bélgica y se dio cuenta de que los belgas, sin distinción de clase, tenían un sembrado de papas en el huerto. Esto le intrigó y les encargó a sus estudiantes que investigaran el asunto. Los resultados le abrieron un mundo nuevo y empezó a coleccionar todo lo relacionado con las papas.

El Museo de la Papa fue fundado en las afueras de Bruselas en 1975 y en 1983 se trasladó a Washington, D.C. La mayor parte de la colección del museo está en cajas todavía en espera de un local apropiado. Pero en la casa de Thomas Hughes, en el barrio de Capitol Hill, hay varios centenares de objetos expuestos. Hay libros raros, láminas históricas, afiches, escarabajos de la papa en alcohol, juguetes, maquinaria agrícola, una cesta tejida de cáscaras de papa, y todo tipo de peladores y aplastadores de papas. En un lugar de honor hay chuño en una caja de plástico transparente. Hasta ahora, es el único objeto sudamericano que hay en el museo. Pero Hughes tiene muchas esperanzas de que muy pronto podrá añadir a su colección una vasija inca en forma de papa.

Hoy día al igual que en el pasado, la papa constituye la gran esperanza de la humanidad para sobrevivir en un mundo donde el crecimiento demográfico amenaza con sobrepasar la producción de alimentos.

NARRATIVE NUMBER 4

Ahora vas a escuchar una corta conferencia sobre la Feria de Abril de Sevilla.

NARRADORA: Un año más comienza, con el alumbrado de su portada que anuncia: la Feria de Abril de Sevilla, un estallido de luz y color que desde el año 1846 invita a miles de visitantes de todo el mundo a disfrutar de la belleza, el folclor y la tradición en una ciudad provisional hecha de lona, albero y farolillos de colores.

Capital de la provincia española de Andalucía, Sevilla está ubicada en la vega del río Guadalquivir, que la recorre de norte a sur, y que, además, es navegable desde la capital hasta su desembocadura, lo que propició que la ciudad desempeñara un papel histórico importante en las relaciones comerciales con América. Hoy en día sigue siendo uno de los puertos con mayor tráfico de la península Ibérica.

La Feria de Abril, celebrada en esta majestuosa ciudad, ha sido declarada de interés turístico internacional y suele celebrarse dos semanas después de la Pascua; sin embargo, puede adelantarse para evitar que caiga en el mes de mayo, lo que provocaría una paradoja en el nombre de la feria.

El origen de ésta se remonta al siglo XIII, durante el reinado de Alfonso X el Sabio, y era básicamente agrícola y ganadero, con una concentración de ganado para facilitar las transacciones comerciales. El monarca estuvo unido por fuertes lazos a la ciudad de Sevilla y fue quien incorporó a su escudo la leyenda con las sílabas NOOO DO y entre ellas una madeja, cuya lectura es *No madeja-do,* que es la expresión fonética sevillana con que se pronuncia la frase "No me ha dejado", y que sirvió como reconocimiento a la fidelidad que Sevilla mantuvo siempre hacia su persona. De este modo, el rey concedió a Sevilla la celebración de dos ferias ganaderas anuales, la primera en primavera y la segunda en otoño.

La actual Feria de Abril de Sevilla nace en el año 1846 por iniciativa de dos ediles del Ayuntamiento sevillano; un vasco, José María de Ybarra, y un catalán, Narciso Bonaplata, quienes solicitaron a mediados del siglo XIX, durante el reinado de Isabel II, la recuperación de las antiguas ferias ganaderas para impulsar la economía de la ciudad.

Gracias a aquella iniciativa, en el mes de abril del año 1847 se celebró con gran éxito por primera vez la Feria de Abril de Sevilla. Para celebrarla se eligió el Prado de San Sebastián, aunque a muchos les pareció inadecuado porque en este lugar se habían quemado cientos de herejes en los tiempos de la Santa Inquisición y además se encontraba próximo a dos cementerios. A pesar de todo, esta primera feria —que sólo tenía diecinueve puestos y duró tres días— fue todo un éxito. A ella acudieron 75,000 visitantes de los cuales un tercio fueron forasteros. Se vendió ganado, vinos, aguardientes, chacina, pescado frito, menudo, caracoles, guindas, chocolate y buñuelos, entre otros productos, y en total se recaudaron diez millones de reales, cantidad nada despreciable para la época. La exposición de ganado se celebró en la Real Maestranza, que por aquel entonces aún no era plaza cerrada y dejaba ver por su costado abierto la fachada principal de la catedral.

Los comercios se cerraban a las once de la noche y era entonces cuando, al calor de las hogueras y en torno a las tiendas y carretas, comenzaba el canto y el baile como manifestación espontánea de los sevillanos de la sierra y de todos los andaluces que allí se encontraban.

Pocos años tardó la feria en perder su carácter original mercantil y ganadero, para convertirse en muestra folclórica, festiva y popular del pueblo sevillano, una fiesta de evocación del campo andaluz, pero dentro de la trama urbana. Ya en 1973 se trasladó la celebración de la feria al barrio de Los Remedios, donde permanece hasta nuestros días.

El primer día de la Feria de Abril se conoce también como el del *Alumbrado* porque a las doce de la noche se encienden todas las luces del recinto comenzando por la portada de la feria, donde se congrega un numeroso público. Esa noche es conocida también como la del *Pescaíto* porque todas las agrupaciones se reúnen en sus puestos y celebran una cena a base de pescado frito, con la que comienzan los seis días de fiesta.

Los sevillanos acuden vestidos de la siguiente manera: los hombres con chaquetillas, zahones y botas camperas, mientras que las mujeres portan vistosos y coloridos trajes de volante. Sin duda alguna, este vestido típico que lucen las mujeres en la feria es la prenda que identifica a las sevillanas alrededor del mundo y tiene su origen en los modestos atuendos de las campesinas: una humilde bata de percal terminada por abajo en uno, dos o tres volantes con un delantal a la cintura para proteger el vestido, y un pañuelo en los hombros y ceñido al talle.

Asimismo, el traje de los hombres desciende del traje campero original de los caballistas y la gente del campo. De hecho, con el objeto de conservar su carácter ganadero, hoy la feria también es un espacio donde se dan cita, año tras año, los carruajes más bellos de España, los mejores cocheros y los más espléndidos caballos. Tampoco se concibe la feria sin los caballistas ataviados con traje corto y sombrero de ala ancha en el paseo de caballos.

Bien vale la pena visitar Sevilla durante estos días, ya que en ellos se pone al descubierto la esencia de todo lo típico del pueblo andaluz.

NARRATIVE NUMBER 5

Escucha un comentario sobre el papel de las mujeres que vivían en Sudamérica durante la época de la independencia.

NARRADOR: La lucha por la independencia en el norte de Sudamérica (lo que es hoy Venezuela, Colombia y Ecuador) entre los años 1810 y 1822 se ha examinado a fondo y en detalle. Los historiadores han estudiado a los líderes, además de las causas y los efectos de las revoluciones, pero se ha prestado poca atención a las mujeres que participaron en la lucha. Como en 1810 las mujeres constituían la mitad de la población, es necesario valorar sus actos y su aporte para comprender mejor la época revolucionaria.

En los tiempos coloniales, las mujeres estaban destinadas al hogar o al convento, esferas femeninas tradicionales. Las costumbres, la tradición, la iglesia católica y la falta de oportunidades económicas determinaban que el matrimonio fuera la meta de las aspiraciones de la mayoría de las mujeres hispanoamericanas. Una vez casadas, la vida de las criollas, o sea, las hijas de padres españoles nacidas en América, no era nada aburrida, pues tenían muchísimas obligaciones caseras que atender. Las casas coloniales eran centros de actividad doméstica y de subsistencia, y la señora de la casa lo supervisaba todo, desde la preparación de la comida hasta la recolección de las cosechas.

La vida religiosa tenía gran atracción para algunas mujeres, porque en esa época la Iglesia era muy poderosa y la religión penetraba en muchos aspectos de la vida cotidiana. En realidad, la atracción de la vida religiosa era tan grande que muchas jóvenes la preferían al matrimonio, reduciendo el número de jóvenes casaderas de clase alta.

En los tiempos de la colonia, en las ciudades principales había muchos conventos, fundados en gran parte por viudas ricas que deseaban profesar la religión. La vida del convento no era triste, rígida ni restrictiva—en realidad, en los conventos reinaba un ambiente más bien agradable y mundano. Las monjas recibían visitas, cantaban, bailaban, actuaban en piezas teatrales, daban fiestas y tenían criadas.

Dentro de los muros de los conventos, algunas monjas se hicieron famosas como místicas, escritoras y artistas. La Madre Castillo fue la figura literaria más destacada de la Nueva Granada en el siglo XVIII. Su autobiografía, *Sentimientos espirituales*, diario de sus devociones íntimas, fue comparado con las obras de Santa Teresa de Ávila, otra escritora mística de gran importancia en las letras españolas.

A pesar de que muchas mujeres llevaban una vida tranquila y tradicional, las condiciones sociales, políticas y económicas del momento despertaron y estimularon la conciencia política femenina, y las mujeres se unieron a los hombres para oponerse a la dominación española. Las mujeres desempeñaron un papel de importancia fomentando y difundiendo el espíritu de independencia en los años anteriores a la ruptura con España. En todas las ciudades importantes, las mujeres instruidas organizaban tertulias literarias, en las que los políticos, letrados y sus esposas se reunían para hacer públicas sus quejas contra los peninsulares, discutir ideas radicales y planear la revolución. Josefa Joaquina Sánchez, esposa de José María España, desempeñó un papel particularmente espectacular, ya que, después de ser descubierta la conspiración, ocultó a su marido de las autoridades, incitó a los esclavos a alzarse y distribuyó escritos subversivos por las calles de Caracas.

Miles de soldaderas, conocidas por *juanas* o *cholas*, siguieron a los militares en sus campañas por la Gran Colombia. En muchos casos, estas mujeres eran las esposas (a veces embarazadas) de los soldados de infantería y éstas los seguían para atenderlos y apoyar la causa. Como era difícil servir al ejército en esos tiempos, las tareas que estas mujeres realizaban a favor de las tropas eran de gran valor. Viajaban a pie miles de kilómetros, cocinaban, enterraban a los muertos, cuidaban a los enfermos y, a veces, hasta tomaban las armas. A menudo, las juanas que conocían los remedios médicos y tradicionales lograban salvar la vida de los heridos.

Hay muchos casos de mujeres que, por su cuenta, lucharon junto a los insurgentes contra los españoles. No se animaba a las mujeres a pelear, pero si se presentaba la oportunidad, muchas participaban en la lucha por voluntad propia. La idea de reclutamiento de mujeres era inaudita en la América del Sur y las mujeres nunca pertenecieron oficialmente al ejército insurgente ni aparecieron en las nóminas del ejército. Cuando se trasladaban con las tropas de manera regular, lo hacían disfrazadas. Las mujeres se vistieron de hombre y lucharon valerosamente en todas las campañas de Nueva Granada durante el año de 1819.

Pese a que algunas mujeres de la Gran Colombia participaron en las conspiraciones antiespañolas anteriores a 1810 y de que muchas respaldaron las guerras de independencia y participaron en ellas, la vida no cambió mucho para las mujeres durante los decenios que siguieron las hostilidades. El concepto de la igualdad femenina o de los derechos de las mujeres no se desarrolló como resultado de la lucha revolucionaria. La mayoría de las mujeres volvieron a casa o al convento y reanudaron sus tareas.

De ahí que las revoluciones de independencia fueron notablemente conservadoras y poco revolucionarias desde el punto de vista de la situación social, política y legal de las mujeres. No hubo cambios de importancia en la vida de las latinoamericanas hasta el siglo XX, cuando las reformas políticas, económicas y sociales relajaron hasta cierto punto la estructura social e institucional y les concedieron a las mujeres la oportunidad de abandonar sus papeles tradicionales, si así lo deseaban.

NARRATIVE NUMBER 6

Escucha ahora una breve conferencia titulada "Los mariachis: de Guadalajara a El Paso".

NARRADOR: Los mariachis y su música son símbolo de la cultura popular mexicana. Fusión entre el *charro*, equivalente al *cowboy* americano —diestro jinete vestido con un traje de gala típico— y cantantes de música popular en el Estado de Jalisco, los mariachis —como casi todo en México— son producto de la mezcla.

De ellos se puede decir que son la expresión popular más importante de México en el siglo XX, cuyo origen es difícil de precisar. Para algunos historiadores, los mariachis aparecen en el siglo XIX en las fiestas cortesanas del "Segundo Imperio", el de los Habsburgo. Si Carlota de Bélgica (la esposa de Maximiliano) era su mayor aficionada, tal vez de ahí venga el mito (socialmente aceptado) de que la etimología de la palabra mariachi proviene del francés "mariage" (boda).

Los mariachis han estado siempre asociados con la fiesta y el amor. Se cuenta, por ejemplo, que el dictador Porfirio Díaz, en los inicios del siglo XX, incluía en sus recepciones un momento estelar para los mariachis. Pero fue en la década de los treinta cuando la figura del charro y los mariachis encuentran en el gusto popular un lugar especial, que les valió el reconocimiento de un pueblo necesitado de símbolos para identificarse en un reciente "ser nacional".

Al principio, los mariachis venían del estado de Jalisco, es decir, sólo los cantantes de música popular del occidente mexicano se vestían de charro. Años más tarde, su aparición en el cine transformó y enriqueció la cultura nacional. El charro, equivalente al gaucho argentino o al *cowboy* americano, se puso a cantar.

Fue en la película "Ay, Jalisco, no te rajes" donde por primera vez vimos a Jorge Negrete con su elegante traje y voz educada, interpretar el rol de un hombre fuerte y viril que no tardó en ser identificado o copiado por la población; los hombres querían ser como él, las mujeres querían un hombre así. Por supuesto, un juego más de las fantasías colectivas.

Pero el charro no aparece con los mariachis hasta la siguiente década en 1942, en el filme "El Peñón de las Ánimas", en donde el mismo Negrete le ofrece serenata a la famosa diva del cine mexicano María Félix. Es allí donde la serenata adquiere un valor supremo en el gusto y sentimiento mexicanos.

La serenata no sólo es canto, también es representación teatral. En medio de una noche fresca y tranquila, donde sólo se escuchan los murmullos de los insectos del altiplano, de pronto un grupo de hombres a caballo comienza el ritual del cortejo cantado. El silencio se interrumpe entonces con la melancolía de un hombre que se olvida de la pistola y la valentía para rendirse a los pies de su amada. El ritual debe continuar con la bella dama, que, sorprendida, enciende la luz y sufre entre el dilema de asomarse al balcón y corresponder, o quedarse en su cama mordiendo las sábanas mientras, fuera, el cantante se desespera hasta perder el control de sí mismo. Hay que aclarar que, correspondido o rechazado, el que ofrece serenata siempre pierde el control de sí mismo, y de preferencia lo hace acompañado de sus cómplices, los mariachis.

Por ley, el mariachi va en grupo, y sus instrumentos de base son la guitarra, el guitarrón, el violín y la trompeta. Fue tal el impacto (gracias a los medios de comunicación) en el gusto popular, que no tardaron en aparecer grupos de cantantes autodidactas que desarrollaron sus habilidades hasta dar como resultado lo que en México se conoce como canción ranchera.

Los mariachis no tardaron en defender su origen: el occidente. Guadalajara se convirtió en la capital de la canción mexicana.

Sin duda, el grupo musical más importante es "El Mariachi Vargas de Tecalitlán", de Jalisco. Su fama mundial no es gratuita; el sueño de todo mariachi es llegar a tocar con "El Vargas de Tecalitlán".

Pero la Ciudad de México no tardó en abrir un espacio para los mariachis. En pleno centro de la ciudad está la Plaza Garibaldi, lugar oscuro, cuna y refugio de grandes compositores populares que expresan su talento en el sueño de una noche que nunca termina. En la plaza se reúnen cada noche numerosos grupos de mariachis, allí ensayan su música en espera de ser contratados por algún enamorado que los requiera para conquistar a su amor.

Sin embargo, la cultura cambia. La evolución del mariachi lo ha ido transformando de hombre de campo en urbano. La industrialización y migración han introducido nuevos ritmos, que poco a poco han influido en los tradicionales exportadores del estereotipo del macho mexicano.

En el futuro del mariachi se ve un claro proceso de adaptación. Las nuevas corrientes musicales —también expresiones válidas de la realidad— tienden a transformar las ya de por sí mezcladas formas de cantarle a la vida en México.

Con el nacimiento en los años ochenta del "narcocorrido", historias musicales que narran las aventuras de las mafias en el norte del país, se hace una justificación de la violencia. La migración a los Estados Unidos, la comercialización de la llamada música *grupera*, mezcla de salsa neoyorquina, balada, cumbia colombiana y otros ritmos, además de la importación y aceptación de parámetros de consumo estadounidense, hacen del mariachi una organización en peligro de extinción.

Es sobre todo en la frontera norte del país, donde se está generando una nueva cultura. El chile con carne (hasta hace poco desconocido por los mexicanos) se comienza a poner de moda. Si para algunos la frontera se americaniza, para otros el sur de los Estados Unidos se mexicaniza. No se trata de ser conservador, afortunadamente, la cultura no es estática. La nueva *onda grupera*, detestada por los músicos de conservatorio, es posiblemente el futuro modelo en donde cada quien puede identificarse a su manera en las crisis, amores y festejos de la población.

Los nuevos grupos prefieren los sombreros tejanos al de ala ancha, el terciopelo a los bordados de plata, la guitarra eléctrica a la clásica; sus integrantes no son exactamente como Carlos Gallardo en el filme de Robert Rodríguez "El mariachi", sino el trabajador de maquiladora en El Paso, Texas.

Al parecer, los mariachis continúan el camino de una sociedad cada vez más global. Símbolo de una época, de seguir así tal vez terminarán cantando en inglés y cambiarán el tequila por la Coca-Cola.

NARRATIVE NUMBER 7

Escucha ahora una corta selección sobre la historia y los usos del chocolate.

NARRADORA: Entre los aportes comestibles que América hizo al mundo hay uno que, sin duda, da más placer que todos los demás. Cuando uno busca darse gusto, no se piensa en comer ni papas ni papaya, sino chocolate.

De su humilde origen, tan poco prometedor, el chocolate ha llegado a ser una industria de 3.500 millones de dólares en los Estados Unidos solamente. En Suiza se consumen anualmente unos diez kilos por persona de los excelentes bombones del país, y todas las semanas los belgas envían sus "trufas" de chocolate por avión a las principales capitales del mundo.

Desde el principio, el chocolate fue considerado un don del cielo, alimento de los dioses. Los aztecas tenían un mito muy detallado acerca de su origen divino. Según la leyenda, el dios Quetzalcóatl vino a la tierra en un rayo del lucero de la mañana trayendo consigo una planta de cacao robada del paraíso. Les enseñó a los aztecas a tostar las semillas, a molerlas y a hacer una pasta nutritiva, soluble en agua, para hacer *chocolatl*. Los otros dioses impusieron un severo castigo a Quetzalcóatl por haber robado la planta, pero el chocolate se quedó para siempre en la tierra.

Aun en aquella época lejana, el chocolate apasionaba a muchos. De hecho, es probable que Moctezuma II, último emperador azteca, fuera el aficionado más grande que ha tenido el chocolate en la historia de la humanidad. Según los cronistas, Moctezuma bebía hasta cincuenta jarros de chocolate al día. También proporcionaba más de dos mil jarros de chocolate diariamente a sus tropas, lo cual era una hazaña logística, aun si se tiene en cuenta que en aquel tiempo el chocolate se servía frío.

No obstante, parece que los primeros europeos no se sintieron atraídos por aquella bebida amarga. Algunos pensaban que el chocolate era "más adecuado para los animales que para las personas". A los españoles no sólo les pareció amargo el chocolate, sino que el pedazo de chile picante que le echaban los aztecas debió de sobresaltar su paladar europeo.

La afición que desarrollaron los españoles al chocolate se explica en gran parte por el hecho de que no tardaron en mejorar el método azteca de preparación. Además de servirlo caliente, le empezaron a poner azúcar—manera eficaz de contrarrestar el amargor natural del cacao. Los españoles también tuvieron el acierto de añadirle distintos sabores, entre ellos vainilla, nuez moscada, clavo, pimienta de Jamaica, canela, anís y agua de azahar.

Aparte de proporcionar energía rápidamente, se creía que el chocolate con azúcar curaba una serie de enfermedades desde los padecimientos originados por el calor, hasta los problemas digestivos y el catarro. Se contaba también que un hombre había llegado a los cien años tomando sólo chocolate caliente y bizcochos desde que tenía setenta, y que a los ochenta y cinco era tan fuerte y tan ágil que hacía todo tipo de actividad física sin ayuda.

Aunque en el mundo occidental abundan los postres de chocolate, pocas cocinas lo usan en platos salados. En Sicilia los siracusanos le agregan un poco de salsa de chocolate a la caponata, famoso plato hecho de verduras guisadas. A los alemanes les gusta la sopa de chocolate y las tartas de papas y chocolate. Mientras tanto, en México, los mismos aficionados que hoy comen barras de chocolate, lo beben caliente casi igual que sus antepasados.

Los gastrónomos estarán de acuerdo en que la antigua combinación azteca de chocolate y chiles no se ha perdido, sino que perdura en uno de los grandes platos del Hemisferio Occidental: el mole poblano.

NARRATIVE NUMBER 8

Ahora vas a escuchar una corta conferencia sobre los indios kuna.

NARRADOR: "Tarde o temprano, los kunas desaparecerán como tantas otras etnias antes. Pequeño pueblo valiente en las islas de San Blas, defiéndete contra la civilización." Con estas palabras concluye el informe de un expedicionario que en los años 50 fue uno de los pocos visitantes de los indios kunas en el Caribe panameño. Sin embargo, transcurridos más de cuarenta años desde aquella expedición, ni siquiera el considerable flujo de turistas, ni la emigración de muchos kunas a otras partes del país, ni el intensivo intercambio económico con los blancos han hecho que los kunas pierdan su identidad cultural.

Los más de 40.000 kunas son el tercer pueblo indígena de Centroamérica. Habitan en la comarca de San Blas, que se extiende desde las cercanías del Canal de Panamá hasta la frontera colombiana y que consta de 365 diminutas islas de coral de las que los kunas ocupan sólo unas cincuenta, no demasiado alejadas de la franja de tierra firme, con sus plantaciones y fuentes de agua potable. Siempre han logrado defender su territorio —que ellos llaman "Kuna Yala"— contra la codicia de los blancos de diferentes nacionalidades. En la última ocasión, una guerra relámpago en 1925, las fuerzas de seguridad panameñas fueron vencidas y en la Constitución panameña tuvo que garantizarse a los kunas una amplia autonomía con jurisdicción y policía propia.

En el mundo del hombre blanco, los kunas se mueven como consumidores conscientes en un gran almacén del que escogen sólo lo que realmente les sirve para adaptarlo a su propia cultura. Sus hijos cursan estudios en las ciudades panameñas, incluso en el extranjero, pero en sus islas siguen practicando los ritos tradicionales de la pubertad, del matrimonio y de los funerales. Con toda normalidad se trasladan a la Ciudad de Panamá en avioneta, pero en la isla los enfermos acuden al curandero, aunque haya servicio de salud. En busca de trabajo, emigran a los centros urbanos o a las plantaciones de banano en el norte, pero en vez de integrarse tratan de constituir allí comunidades al estilo kuna. En unas pocas islas equipadas con generador eléctrico incluso tienen televisores, pero no deja de tener importancia para ellos escuchar en la reunión semanal los cantos litúrgicos de los *sailas*, los sabios, que transmiten las enseñanzas tradicionales y los mitos del pueblo kuna.

Para los observadores blancos —etnólogos, misioneros, periodistas, turistas— sigue siendo un enigma a qué se debe que los kunas sean casi intangibles ante tantas tentaciones de la civilización occidental. No han hecho vida retirada, pero han mantenido a los extraños a distancia. Han cedido cautelosamente a las demandas económicas de los blancos, pero no han renunciado a dominar estas relaciones comerciales. Por ejemplo, era de suponer que el turismo mundial no iba a dejar aparte el mundo paradisíaco con sus islas de palmeras en el azul del mar caribeño y el colorido atavío de las mujeres kunas. Por tanto, los kunas aceptan que los turistas lleguen en yates de vela o grandes cruceros y pasen un par de horas en las islas, pero al ponerse el sol, tienen que marcharse si no se quedan en uno de los pocos hoteles muy sencillos, administrados por los propios kunas.

Tal vez sea el ejemplar sistema democrático lo que les confiere esta dignidad y unión hacia afuera y la armonía dentro de la sociedad, que, por cierto, tiene rasgos de matriarcado. En reuniones comunales diarias y encuentros semestrales de los delegados de todo el pueblo toman sus decisiones, tratando de convencer a todos en discusiones exhaustivas, destinadas también a deleitarse con las dotes retóricas de los participantes. Su religión les enseña que son un pueblo elegido para proteger la Madre Tierra y la Naturaleza, lo que explica su estrecha relación con su territorio y su afán de salvar sus valores.

Componente importante de su cultura es la *mola*, un rectángulo a colores que originariamente sólo hacía parte de la blusa tradicional y que, por su valor artístico, últimamente ha encontrado gran acogida en el mundo occidental. Con una técnica única en el mundo, llamada aplicación inversa, las mujeres cosen imágenes que evocan la vida y las tradiciones kunas igual que realidades externas a su cultura. El que las mujeres no se deshagan de este inmenso trabajo, sino que preserven su indumentaria como medio de expresar la identidad de su pueblo, es otra prueba de que la cultura de los kunas no está en peligro de desaparecer.

NARRATIVE NUMBER 9

Ahora vas a escuchar una corta conferencia sobre las momias de la cultura chinchorro del norte de Chile.

NARRADORA: Esperan tranquilas debajo de la superficie a que alguien las descubra, para poder ver nuevamente la luz. Son las momias de la cultura chinchorro, las más antiguas de América. Un día cerraron los ojos y se enfrentaron a la muerte; hoy se encuentran con una nueva vida, tal vez como la imaginaron sus antepasados.

A través de los siglos, el hombre ha venerado a la naturaleza como fuente de vida y conocimiento. El Sol, la Luna, el fuego, el agua, la tierra y la muerte fueron importantes dentro de la convivencia social y religiosa de los pueblos indígenas de América. Mil años antes que los egipcios, la cultura chinchorro desarrolló un complejo sistema de momificación, cuyo descubrimiento ha permitido conocer el origen de muchas enfermedades actuales y los misterios de una de las culturas más importantes de Suramérica. Y tal vez nos ayude a entender un poco mejor la muerte.

En medio del polvo y los fantasmas propios del desierto de Atacama, se encuentran las momias de antiguos habitantes llamados chinchorro, quienes se ubicaron en la costa Pacífica desde Ilo, en Perú, hasta Antofagasta, en el norte de Chile.

Se cree que la extrema aridez que azotó el desierto hizo que los chinchorro bajaran del altiplano a la costa y mantuvieran allí campamentos en valles y oasis del interior por un corto periodo de tiempo. Hacia los 6.000 años a.C. se produjo una época de máxima aridez en el altiplano, lo que trajo como consecuencia la desaparición de lagos, de lagunas y de oasis. Entonces, los chinchorro ocuparon definitivamente la costa, tanto en Anca como en la zona estéril de Iquique.

Uno de los aspectos culturales más interesantes de los chinchorro fue su sistema funerario. Hace 7.000 años, estos pescadores comenzaron a momificar artificialmente a sus muertos. Para ello debían disponer de un sistema que les permitiera mantener su memoria histórica y así transmitir esta memoria de una generación a otra. Algunas culturas como los cazadores de Australia, realizaron pinturas rupestres en las que legaban a las nuevas generaciones sus conocimientos; en el caso de los chinchorro, se considera que esta transmisión de conocimientos se dio a través de la momificación.

Los primeros descubrimientos sobre esta cultura datan de 1914 y fueron realizados por Max Uhle, quien publicó su informe tres años más tarde. Las primeras momias fueron encontradas en la playa Chinchorro de Anca; al parecer, de ahí se tomó el nombre para esta cultura. Hasta el momento se han encontrado 282 momias. De ellas, 149 fueron realizadas por la cultura chinchorro; el resto se ha desecado en forma natural, dadas las condiciones climáticas del desierto. Se trata de restos de sexo y edad diferentes, que luego de la muerte fueron intervenidos. El académico de la Universidad de Tarapacá e investigador del Museo San Miguel de Azapa, Calógero Santoro, explica que "no hubo discriminación".

La cultura chinchorro desarrolló diferentes tipos de momificación: momias negras, rojas y con pátina de barro. Los catedráticos de la Universidad de Nevada en Estados Unidos, Vicky Cassman y Bernardo Arriaza, precisan este punto en un artículo, en el cual señalan que las momias negras son más antiguas y complejas, y que este estilo de momificación perduró por casi dos milenios: "Las momias negras eran cuerpos reensamblados casi como una estatua, es decir, un cuerpo rígido, con una estructura interna confeccionada con palos, cuerdas de totora y una pasta de ceniza para el modelado del cuerpo. A menudo, la piel era reemplazada por piel de lobo marino, cuando la propia era insuficiente". Al final, los preparadores fúnebres pintaban el cuerpo con una pasta de manganeso, de ahí su nombre de momia negra.

Alrededor del año 2800 a.C., las momias negras fueron reemplazadas por las rojas; tal vez por un cambio en el simbolismo religioso. A partir de ese momento, las momias fueron pintadas de ocre rojo, aunque el rostro siguió siendo negro. A diferencia de las anteriores, las momias rojas se realizaban sin una gran destrucción del cuerpo: "Los órganos eran removidos a través de incisiones o cortes. Para proveer rigidez al cuerpo, se deslizaban maderos puntiagudos debajo de la piel, y luego las cavidades eran rellenadas". Además, al cuerpo le agregaban una larga peluca de cabello humano asegurada con un casquete de arcilla.

Finalmente, hacia el año 2000 a.C. la técnica de momificación se hizo más simple: "Los cuerpos eran cubiertos con una pátina de barro, semejante al cemento, lo cual ayudaba a prevenir la descomposición. Este estilo duró dos siglos", señala Arriaza.

Curiosamente, los cuerpos no eran enterrados de modo individual, sino colectivamente. "Conjuntos de individuos de distinto sexo y edad eran dispuestos uno junto a otro, tapados con una estera de totora. Parece significar que el fundamento o unidad básica de la sociedad radicaba en el conjunto de individuos y no en la individualidad unipersonal", precisa Santoro.

Los descendientes de los chinchorro continuaron viviendo en la costa del Pacífico, pero cambió la complejidad de su sistema social. Alrededor de 1.700 años antes de la era cristiana, los chinchorro abandonaron la práctica de la momificación artificial; los cuerpos eran enterrados en posición flexada, y se momificaban naturalmente debido a la acción desecante del desierto.

Algunas teorías históricas suponen que sociedades de organización simple y nómadas, como los chinchorro, no invertían mucho tiempo y cuidado en los ritos relacionados con la muerte, ni en actividades que no estuvieran estrictamente relacionadas con la subsistencia y la vida doméstica. El desarrollo de ceremonias mortuorias complejas se relaciona con sociedades avanzadas, cuyas diferencias internas se miden por el tiempo y energía empleados en el rito funerario, como, por ejemplo, los egipcios.

"Cuál haya sido el caso, lo cierto es que los chinchorro invertían gran cantidad de tiempo y energía en momificar a sus muertos, lo que constituye un fenómeno único en el mundo, tanto por su antigüedad como por el contexto social en el que fue realizado", dice Santoro.

NARRATIVE NUMBER 10

Ahora vas a escuchar una corta conferencia sobre una antigua instalación militar estadounidense en Panamá que funciona como albergue ecológico y puesto de observación en la selva tropical.

NARRADOR: ¿Qué se hace con una torre de radar abandonada en medio de la selva panameña? Para el empresario, conservacionista y ávido observador de pájaros Raúl Arias de Para, la respuesta era simple: convertirla en un singular albergue ecológico y puesto de observación de la cubierta de la selva tropical.

«Me gusta la selva, cuanto más salvaje y virgen, mejor» explica Arias de Para. «Tenía un sueño convencional... un albergue ecológico con un arroyo cerca, rodeado de bosques y con abundante vida silvestre. Nunca me imaginé que terminaría en una torre de radar de la Fuerza Aérea de los Estados Unidos. Ni siquiera había visto una torre de radar en mi vida».

La antigua torre fue entregada a Panamá en 1995, en cumplimiento de los tratados firmados en 1977 por el presidente Jimmy Carter con el entonces líder panameño Omar Torrijos. La Fuerza Aérea de los Estados Unidos la había construido durante los años sesenta para ayudar a defender el Canal de Panamá, y posteriormente fue utilizada por la Administración Federal de Aviación de los Estados Unidos y por la Comisión del Canal de Panamá como centro de comunicaciones y control del tráfico aéreo. En 1988 pasó a formar parte de la Red de Radares de la Cuenca del Caribe, y hasta que fue abandonada en 1995, fue utilizada por el gobierno estadounidense para vigilar a los traficantes de drogas.

Hoy se denomina Canopy Tower, y es un cilindro de quince metros de altura, de brillantes colores amarillo y aguamarina, situado en la cima del Cerro Semáforo, que se eleva 275 metros sobre el Parque Nacional Soberanía, una reserva natural de 22.104 hectáreas que bordea el canal. El nombre del cerro deriva de los enormes semáforos con los que se ayudaba a los buques a atravesar el canal. El parque, que formaba parte de la Zona del Canal, administrada por los Estados Unidos, es la reserva de vida silvestre más accesible de Panamá. Además de proteger la cuenca del canal, la zona está habitada por cientos de especies de aves, mamíferos y reptiles.

Arias de Para considera que los bosques húmedos situados cerca del canal son únicos en el mundo. «En ninguna parte del planeta es posible pasar a través de una carretera bien pavimentada de una ciudad moderna a una selva virgen en menos de treinta minutos», dice. «También hay un aspecto histórico muy interesante. Cerca del albergue está el Camino de Cruces, a lo largo del cual, hace cuatrocientos años, miles de mulas transportaban el tesoro de los incas a través del istmo de Panamá en su viaje a España. Todavía pueden verse partes del pavimento de piedra. Luego, durante la fiebre del oro de California, los buscadores atravesaron este mismo sendero en su camino a San Francisco desde la costa este de los Estados Unidos».

Antes de llegar a un acuerdo sobre la torre, el sueño de Arias de Para de construir un albergue ecológico en la selva lo había llevado a otros dos lugares situados en terrenos del gobierno, pero sus propuestas habían sido rechazadas por las autoridades. Estaba considerando abandonar la idea cuando conoció a un empleado de la Comisión del Canal que le contó sobre la torre abandonada. Visitó la antigua estructura y se enamoró de ella: «Inmediatamente me gustó el lugar. No sabía qué iba a hacer con ella, pero me gustó desde un primer momento. Fue un verdadero amor a primera vista».

Pero primero tuvo que convencer a las autoridades de que su proyecto sería favorable y no perjudicaría el medio ambiente. «Se trataba simplemente de convertir una instalación militar existente en una operación civil», explica Arias de Para. «Sin embargo, los funcionarios se mostraron reacios a permitir la presencia de un albergue dentro de los límites del parque. Tuve que realizar un gran trabajo de persuasión para demostrar que mi proyecto no era contrario a la conservación».

Finalmente, sus esfuerzos rindieron fruto. Después de dos años de negociaciones, en 1997 Arias de Para firmó una concesión a largo plazo que le permitía llevar a cabo actividades de ecoturismo y observación de la copa de los árboles en la torre y las catorce hectáreas de bosques tropicales que la rodean. Se necesitó otro año para renovar el edificio.

Mirando hacia atrás, Arias de Para dice que, aparte de lidiar con la burocracia estatal, el principal problema que ha encontrado ha sido hallar un adecuado suministro de agua para el albergue ecológico. La fuerza aérea llevaba el agua con camiones y recogía agua de lluvia en el techo de la torre para uso de su reducido personal. Sin embargo, este tipo de suministro no permitía satisfacer las necesidades de los veinticinco a treinta visitantes que pernoctan en el albergue, especialmente en la estación seca de Panamá. Arias de Para tenía dos alternativas: utilizar la tubería principal de agua que va a Gamboa, que pasa a 1.5 kilómetros de la torre, o excavar un pozo. La intercepción de la tubería habría significado construir un tanque de almacenamiento en la mitad del Cerro Semáforo y utilizar bombas eléctricas, lo que hubiera resultado costoso y perjudicial para el medio ambiente, de manera que Arias de Para decidió contratar una empresa para perforar dos pozos cerca de la torre. Excavaron setenta y cinco metros sin encontrar agua. Afortunadamente Arias de Para descubrió que la Fuerza Aérea había excavado un pozo junto a la torre. «Sólo tenía que encontrar dónde lo habían hecho… Preguntando, encontré un ciudadano estadounidense jubilado que había trabajado para las fuerzas armadas perforando pozos en la antigua Zona del Canal. Vivía lejos, pero logré encontrarlo, me mostró dónde habían hecho la excavación, y a los cincuenta y cinco metros y medio encontré agua. Llevé la muestra al laboratorio y el agua era perfecta». El pozo actualmente provee 7.6 litros de agua por minuto, suficiente para el uso del albergue.

Quizá Arias de Para tiene un natural espíritu revolucionario y pionero. Pertenece a una de las más distinguidas familias políticas de Panamá. Su abuelo, Tomás Arias, fue uno de los fundadores de la república e integró el triunvirato que gobernó al país después de la independencia de Colombia en 1903. Un primo, Ricardo Arias Espinosa, fue presidente de Panamá en los años cincuenta, y otro, Ricardo Arias Calderón, fue vicepresidente durante el gobierno de Guillermo Endara.

Recordando sus primeros años de vida, Arias de Para atribuye su amor por la selva a las temporadas que pasaba en la finca familiar cerca del Valle de Antón, un pintoresco pueblo ubicado en el cráter de un volcán extinguido a 123 kilómetros de la ciudad de Panamá. «Pasábamos las vacaciones escolares —tres meses todos los años— andando a caballo, nadando en los arroyos, coleccionando 'bichos', haciendo paseos y acampando en la montaña. Observaba los pájaros sin saber que lo estaba haciendo. Era algo natural.»

UNIT III Writing

Part D Formal Writing (Integrated Skills)

SECTION 1

FUENTE 3: Este informe está basado en dos artículos de la revista *Ecos*.

Costa Rica: Educar para progresar

Durante este año, los países latinoamericanos intentarán mejorar la educación como principal herramienta para reducir la pobreza y el analfabetismo en la región. Este fue uno de los compromisos con los que concluyó la XIV Cumbre Iberoamericana de Jefes de Estado y de Gobierno, que tuvo lugar el pasado mes de noviembre en Costa Rica.

A través del presidente del gobierno español los países iberoamericanos quieren proponer a los Estados de la Unión Europea cambiar la deuda externa por la educación. América Latina destina el 48,8% de su Producto Interior Bruto a hacer frente a los pagos de la deuda externa, lo que limita sus posibilidades de fortalecer la educación de la población.

Comentario

Un estudio de UNICEF revela que en España trabajan 170.000 niños. De ellos, 4.500 están en talleres, mientras que otros 2.500 se dedican a la venta ambulante. El informe, encargado por el Ministerio de Trabajo y Asuntos Sociales indica casos conocidos de menores que trabajan todos los días.

Se calcula que en todo el mundo hay 250 millones de niños trabajando. UNICEF señala que las cifras españolas no son tan alarmantes. Pero conviene no olvidar que se trata de cifras oficiales, es decir, que en realidad podemos suponer un número mucho mayor. ¿Cuántos niños trabajarán en realidad, sobre todo ahora en los meses de verano?

Por otra parte, el estudio distingue entre lo que se considera ayuda y lo que es un trabajo habitual, un límite a veces difícil de establecer. En cualquier caso, el informe ha servido para recordarnos un asunto olvidado en España: la explotación infantil.

SECTION 2

FUENTE 3: Este informe está basado en un artículo de la revista *Semana*.

Negritudes alerta

Más de 1.000 afrodescendientes protestaron en la capital para reclamar, entre otras cosas, el respeto a sus tierras. El proyecto de ley forestal es una amenaza a su cultura.

La iglesia de San Francisco, en el centro de Bogotá, Colombia se ha convertido en un monumento a la inconformidad. El jueves pasado, más de 1.000 personas de las comunidades negras del Pacífico colombiano protagonizaron la toma número 22 de ese templo colonial, ante las miradas indiferentes de miles de bogotanos que circulaban por la carrera séptima. El documento de exigencias incluía esta vez asuntos relacionados con la educación, la discriminación racial, el desplazamiento y el hecho que les quieren quitar sus tierras.

Pese a que en Colombia el 26 por ciento de la población es de esa raza, históricamente sus derechos han sido un tema marginal. "Temas que no son nuevos", afirma Emigdio Cuesta, uno de los voceros de estas comunidades. "Llevamos cientos de años defendiendo nuestras costumbres, nuestras raíces y siempre tenemos que recurrir a las huelgas o a las tomas para que el gobierno nos escuche", concluye. Y en esta oportunidad, a juzgar por los testimonios de algunos de los líderes negros, la toma dejó sus frutos.

Dos de los cuatro puntos del pliego de exigencias están relacionados con las tierras y el patrimonio ecológico y representan una alerta para el país. El primero tiene que ver con la Ley General Forestal. Según la representante María Isabel Urrutia, los riesgos de la ley tienen que ver con un novedoso concepto denominado "vuelo forestal" que les daría a los empresarios madereros la facultad para explotar los recursos naturales que se hallen por encima del suelo. En otras palabras, es decirles a las comunidades negras e indígenas, a quienes pertenecen 23.000 hectáreas de bosques naturales del país, que las multinacionales madereras pueden disponer de todos los árboles que haya sobre sus tierras. Aunque hay consenso entre expertos, políticos y comunidades, sobre la necesidad de una ley de bosques que regule y proteja los diferentes ecosistemas, ésta no se debe convertir en una "ley maderera" que legalice la explotación de la fauna en las diferentes regiones.

Las comunidades negras han dado un paso en la defensa de sus derechos y de su patrimonio, pero saben que las alarmas deben permanecer encendidas porque la amenaza continúa latente. La última palabra se tendrá solamente cuando se expida una nueva resolución y se defina el destino de la ley forestal.

SECTION 3

FUENTE 3: Estos dos informes están basados en dos artículos de la revista *Ecos*.

Problemas para encontrar trabajo

Un estudio realizado por el Instituto Nacional de Estadística (INE) revela que los jóvenes españoles no lo tienen nada fácil para encontrar su primer empleo. Los jóvenes tardan cerca de dos años y medio para encontrar trabajo.

Un título universitario facilita un poco las cosas, pero también los licenciados tienen que esperar casi dos años hasta cobrar el sueldo de su primer empleo. En el caso de las personas con estudios primarios se constata la escalofriante cifra de 40,6 meses.

Los datos proceden de una encuesta realizada entre jóvenes de 16 a 36 años de toda España, que en los últimos diez años habían finalizado, interrumpido o abandonado sus estudios. Se preguntó por la tardanza en encontrar un trabajo significativo, es decir, de una duración mínima de seis meses y de veinte horas semanales, por lo menos.

De las personas que por fin han conseguido encontrar empleo, la encuesta señala que la mayoría trabaja en el sector servicios, seguidos del sector industria y de la construcción.
Y en un tema relacionado...

Los jóvenes recibirán ayudas para el alquiler

Para los jóvenes, independizarse será ahora un poco más fácil, o al menos esto es lo que pretende el Gobierno. El Ejecutivo ha presentado un plan de choque para contener el problema de la vivienda.

Una de las medidas más celebradas son las ayudas de hasta 240 euros mensuales durante dos años que los jóvenes recibirán para el pago del alquiler. Los requisitos para recibir la subvención son ser menor de 35 años y tener unos ingresos anuales inferiores a los 15.792 euros. Así el Gobierno calcula que el esfuerzo mensual de un joven para pagar el alquiler disminuirá en un 20%. El plan también incluye subvenciones para los propietarios de una casa que decidan alquilarla: el dueño podrá adecuar la vivienda y hacer frente al pago de un seguro contra posibles impagos o destrozos.

FUENTE 3: Este informe está basado en un artículo de la revista *Ecos*.

Rosario Marín, la mexicana que firma dólares

Tome un billete de dólar y fíjese en la flrma; cada billete tiene dos; una de ellas es de la mexicana Rosario Marín. Ella estuvo al frente de la Tesorería de los Estados Unidos. Fue la primera inmigrante que ocupó un lugar tan importante en la vida política norteamericana. La vida de Rosario Marín parece una telenovela, pero no lo es. Nació en México; sus padres decidieron emigrar a Estados Unidos cuando ella tenía 14 años. Allí quiso matricularse en la escuela; no la dejaron, pues no superó la prueba de coeficiente intelectual. El problema era, en realidad, que no hablaba inglés. Dedicó todo su empeño a aprender el idioma, y, con el tiempo, llegó a estudiar Administración de Empresas. Rosario Marín asistía a clases nocturnas, porque por las mañanas trabajaba como asistente de recepcionista.

Se casó con Álvaro Alejandro Marín, y consiguió llegar muy lejos en su empresa, casi hasta la vicepresidencia. Entonces, la vida la sorprendió: estaba embarazada y su hijo Erik tenía síndrome de Down. Dejó todo y se dedicó en cuerpo y alma a su hijo, a defender sus derechos y los de otros discapacitados. De ahí a la política sólo había un paso: "Me di cuenta del poder que puede ejercer el gobierno en beneficio de las personas discapacitadas", cuenta.

La señora Marín recibió en 1995 el Rose Fitzgerald Kennedy Prize de las Naciones Unidas por su labor al lado de las personas con deficiencias. Tiene, además, otros dos hijos: Carmen y Alex; ellos son su mayor capital.

FUENTE 3: Este informe está basado en dos artículos de la revista *Ecos*.

Las cruces de mayo en Córdoba

Llega la primavera, y con ella el buen tiempo. Para celebrarlo, nada major que viajar a Córdoba. Las cruces de mayo son una tradición popular que se celebra en gran parte de Andalucía, aunque con diferencias provinciales. La fiesta gira en torno a una gran cruz que los vecinos adornan con flores, candelabros, mantones. Cada calle, patio o barrio monta su cruz; es costumbre, a la caída del sol, salir a pasear y a visitar las cruces.

Antiguamente, los vecinos ofrecían como cortesía comida y bebida; con el tiempo la costumbre se ha perdido, y ahora se montan barras al aire libre y hay que pagar las consumiciones. Alrededor de la cruz la gente charla, canta y baila.

El origen de la fiesta de la Santa Cruz en España viene de antiguo; ya aparece recogida en los calendarios litúrgicos mozárabes. Aunque llegó a su apogeo en los siglos XIII y XIV, se relaciona con la historia de Santa Elena: su hijo, el emperador Constantino, debía enfrentarse a los bárbaros a orillas del Danubio. Una noche tuvo una vision; vio en el cielo una gran cruz luminosa. El emperador hizo construir una cruz, y su ejército marchó tras ella consiguiendo la victoria. Constantino se convirtió al cristianismo, y su madre, Santa Elena, dedicó todo su interés a encontrar la verdadera cruz de Cristo. El tres de mayo fue encontrada la cruz.

Ahora vamos a Toledo y Sevilla donde las…

Procesiones de Corpus son tradiciones renovadas

"Tres jueves hay en el año que relumbran más que el sol: Jueves Santo, Corpus Christi y el día de la Ascención." Este dicho popular se encarga de recordarnos los jueves más populares de la tradición cristiana en España. En el mes de junio se celebra el Corpus Christi; las procesiones más famosas son las de Toledo y Sevilla.

La fiesta del Corpus fue creada en el siglo XIII para honrar el cuerpo de Cristo; se celebra nueve semanas después del Domingo de Resurrección. A lo largo de los siglos fue convirtiéndose en un acontecimiento festivo que incluía representaciones teatrales; en España se llaman autos sacramentales. Todavía en algunas localidades españolas se celebra la fiesta del Corpus como una representación popular derivada de aquellos autos, por ejemplo, en el pueblo toledano de Camuñas.

En Toledo, la procesión tiene un especial relieve, pues se saca la custodia de plata que está expuesta durante todo el año en el museo de la Catedral. Las calles se adornan con flores, y de los balcones cuelgan mantones bordados y ricas telas.

En Sevilla, el día del Corpus bailan los Seises en la Catedral; son doce niños, seis parejas, de ahí el nombre, que pueden bailar ante el altar mayor. Para la ocasión visten un traje rojo y amarillo muy parecido al de la Guardia Suiza del Vaticano.

SECTION 6

FUENTE 3: Este informe se basa en un artículo que apareció en la revista *Ecos*.

Perú: hallan la ciudad más antigua de América

Los hallazgos arqueológicos que se registran en los últimos tiempos en Latinoamérica siguen causando sorpresas y descubriendo misterios. Otra vez se trata de Perú, donde los arqueólogos han encontrado pruebas de una civilización que, se cree, sería la más Antigua del continente, ya que existió hace casi 4.600 años.

Los hallazgos se localizan en Caral, ciudad situada a 200 kilómetros al norte de Lima, de la que ya tenían conocimiento los científicos desde hace cien años.

Pero ahora, el análisis de las plataformas de piedra de más de 600 m^2, y de pirámides de más de 150 m^2 de planta, permiten determinar que Caral era un inmenso complejo de una de las civilizaciones más tempranas de América, hace 4.600 años.

El descubrimiento arqueológico se ha basado en pruebas de radiocarbono, efectuadas, por ejemplo, en bolsas de junco trenzadas que datan de 4.267 años. El hecho de que la planta de junco sea una planta anual con una duración limitada, permite que la datación de pruebas sea extremadamente exacta, y demuestra que Caral es la más antigua de las ciudades encontradas hasta ahora en el continente americano.

SECTION 7

FUENTE 3: Este informe está basado en el artículo "Ejemplo mundial. En pocos años Colombia desarrolló una de las redes de bibliotecas públicas más importantes del Tercer Mundo". Fue difundido por la revista colombiana *Semana*.

Ejemplo mundial

En pocos años Colombia desarrolló una de las redes de bibliotecas públicas más importantes del Tercer Mundo.

Con el florecimiento de nuevos y modernos edificios, Colombia logró acercar los libros a las personas y crear un mejor sistema de bibliotecas. Lo que más ha impresionado es la red de bibliotecas de Bogotá, que acaba de recibir la donación de 10 millones de dólares, y el actual Plan Nacional de Lectura y Bibliotecas, que en tres años ha dotado 340 y al finalizar el año llegará a 550.

El salto ha sido impresionante. Hace 10 años era difícil lograr que un alcalde o un gobernador incluyera dentro de su programa la construcción de una biblioteca, pues daba más votos la construcción de una calle, que la promoción de la lectura y el conocimiento.

La idea surge a comienzos de los 90, durante la alcaldía de Enrique Peñalosa y gracias a Jorge Orlando Melo. Este profesor universitario, uno de los historiadores más importantes del país, tenía claro lo que debía ser una biblioteca y lo que debía contener. Cada biblioteca está conformada por 2.500 libros nuevos. De esos, 700 son de literatura infantil y juvenil. Para los adultos hay unos 1.600 títulos que condensan lo mejor de la literatura universal y la colombiana, entre los que aparecen obras de Homero y Cervantes, hasta Sartre, Camus o Tomás Mann. El resto, son libros de interés general, material científico básico, derecho y participación ciudadana.

Además de computadoras, equipo de sonido y enciclopedias electrónicas, también tienen un televisor grande con DVD y VHS, junto a 150 películas y documentales para tener una programación permanente de buen cine. "Cada una de estas bibliotecas genera un cambio muy importante en la calidad de vida de las personas. Les da oportunidades maravillosas de tener acceso a la información y de abrir nuevos horizontes no sólo en la educación, sino en parte en calidad recreativa, lúdica y cultural", reconoce Catalina Ramírez, gerente del Plan Nacional de Lectura y Bibliotecas.

Se debe aprovechar el momento para poner al día al país en esta materia, pero siempre teniendo en cuenta que construir un edificio no significa tener una biblioteca. Además, se debe buscar no sólo satisfacer a los escolares, sino a todos los segmentos de la población.

SECTION 8

FUENTE 3: Esta es una entrevista publicada en la revista colombiana *Semana*. El título es "Hay que perderle el miedo a la ciencia".

La Revista *Semana* entrevistó a una joven bogotana que sobresale en el campo de la ciencia en Estados Unidos. La bogotana Ana María Rey Ayala, 28 años, obtuvo el premio a la tesis de doctorado en física atómica en Estados Unidos. Ella dice claramente: "Hay que perderle el miedo a la ciencia".

Semana: Usted le ganó a 400 competidores. ¿Es usted brillante o nada más una mujer con suerte?

Ana María: Ni lo uno ni lo otro. El éxito es el producto del trabajo y de la preparación académica que he recibido a lo largo de mi vida.

Semana: ¡Ah!, ¿desde niña es una estudiosa de la ciencia?

Ana María: Pues sí. Desde el colegio me encantó por ejemplo saber que una simple ecuación matemática pueda describir cómo se comporta el mundo.

Semana: Debe ser raro hacer ciencia en un país con poca ciencia.

Ana María: A mí me gusta, al margen de que se haga ciencia o no en el país. Lo que creo es que hay que perderle el miedo a la ciencia: la ciencia es divertida, es para gozarla.

Semana: En Estados Unidos, ¿se siente limitada?

Ana María: Para nada. Nunca sentí una limitación, pues los conocimientos que recibí en la Universidad de los Andes son muy buenos. Aquí he comprobado que mi pregrado, en física, fue excelente. Creo que aunque hay dificultades, por ejemplo en escasez de recursos para montar un laboratorio, el material humano es de primer nivel en nuestro país.

Semana: ¿El problema es sólo de recursos?

Ana María: Y de decisiones. La sociedad debe invertir más en la ciencia, en la investigación, porque ese es el camino para el desarrollo de nuestro país.

Semana:	A propósito, ¿qué contribuyó usted con su tesis?
Ana María:	Es sencillo. Ir mas allá de las teorías en física atómica, utilizadas comúnmente para modelar la dinámica de los átomos fríos, en sistemas propuestos para implementar un computador cuántico.
Semana:	¿Qué es eso de un computador cuántico? Parece muy complicado...
Ana María:	Apenas ahora está en proceso de su creación. Hay una competencia mundial para ver cuál es el primer sistema en hacerlo. Uno de sus atributos es que puede factorizar números grandísimos, que a un computador clásico le tomaría mucho tiempo.
Semana:	Muy bien. ¿Y ahora qué?
Ana María:	Seguir estudiando. Por ahora tengo garantizados tres años más de investigación con una beca que me otorgó la Universidad de Harvard. Y eso es un triunfo no sólo mío sino de mi familia y, por supuesto, de mi país.

SECTION 9

FUENTE 3: Este informe está basado en el "Patrimonio en descuido", artículo de Alex Batista que apareció en el periódico dominicano *El Caribe.*

---

*Santo Domingo-Santo Domingo de Guzmán, capital de la República Dominicana, fue
la primera ciudad fundada en las Américas; por eso se le conoce como la Ciudad Primada
de América.*

Patrimonio en descuido: La historia colonial reclama mayor atención a sus centinelas

La lucha por dominar Santo Domingo de Guzmán empezó hace 508 años. Hoy, la ciudad no recibe la protección de las instituciones responsables de su cuidado. En 1992, la primera ciudad colonial de América recibió de la Organización de las Naciones Unidas para la Educación, la Ciencia y la Cultura (UNESCO) la mención que la declara Patrimonio Cultural de la Humanidad, "por ser una obra única, pieza maestra de un genio creador; por ser una muestra de un tipo de estructura o representativa de una cultura, grupo social, tecnología o de un desarrollo científico o industrial...".

Desde entonces, tres instituciones y un ayuntamiento tienen la responsabilidad de constituir un equipo que mantenga, limpie, organice, reconstruya y vele por La Zona, pero todavía no logran coordinar sus acciones para un objetivo específico. El Ayuntamiento comenzó un proceso de rescate de los parques y monumentos de La Zona en el cual resalta el inicio de una jornada que pretende devolver el colorido y las condiciones que una vez tuvo la Ciudad Primada de América.

Para la labor de rescate de esta ciudad que en sí es un monumento, las autoridades tienen el apoyo de diversas instituciones privadas, entre ellas las Damas de la Asociación Nacional de Hoteles y Restaurantes. El Ayuntamiento anunció que invierte tres millones de pesos mensuales en el mantenimiento de los edificios y monumentos de La Zona Colonial, y la Asociación de Comerciantes de la Calle El Conde gasta doscientos mil pesos en la calle peatonal, sin acceso a autos ni otros medios de transporte.

FUENTE 3: Este informe está basado en un artículo de la revista *Ecos*.

La médica de los sin techo

"Yo vengo del Perú, conozco la pobreza. Creía que el problema se solucionaba dándoles trabajo, ropa y comida a los pobres. Pero acá eso no funciona. Muchos destechados se han olvidado de ellos mismos. No están en condiciones de trabajar. Ni de vivir en una casa. Ni de recibir ayuda." Quien habla es Jenny de la Torre, médica peruana, dedicada, desde hace diez años, a la atención de unas 4.500 personas que viven en las calles de Berlín.

Pequeña, de modos suaves, de la Torre estudió medicina en la ex República Democrática Alemana. Tras la caída del Muro, su sueño era reunir experiencia profesional, para poder brindarla una vez que volviera a su país. El nacimiento de su hijo hizo que abandonara la idea de irse de Alemania, pero decidió ayudar en Berlín con su profesión. "Al comienzo el choque fue grande", dice. "Porque para ayudar hay que tener con qué." Además, el estado de esos primeros destechados que llegaban a su consultorio en la estación de Ostbahnhof era preocupante. De la Torre no sabía por dónde empezar. "Entendí que había que conversar. Conocer cada historia. Qué es lo que ha pasado para que una persona termine en la calle. Si tiene familia. Documentos. Si sufre de alcoholismo. Dónde duerme."

"Aquí tratamos con respeto a todo el mundo. Los aceptamos como son. No tomamos una posición paternalista ni educadora." De la Torre explica que al principio muchos toman la vida en la calle como algo pasajero. Creen que van a encontrar trabajo. Pero pronto pierden el alojamiento. Terminan en la ayuda social, que también pierden cuando rechazan, por orgullo o miedo, el hogar para destechados que se les ofrece. "Con el tiempo se forma una identidad común. Aceptan la situación. No luchan más. 'Estoy bien así, doctora, no se preocupe', me dicen." Un autoconvencimiento impuesto por la vida. Y necesario, a la vez, para poder soportarla.

Se cree que el trabajo de Jenny de la Torre puede ser un modelo para el tratamiento de destechados en Europa. La han visitado delegaciones de Bélgica, Finlandia, Japón y EEUU. "Lo más importante es entender que estas personas no están en la calle porque quieren. Hay una causa, que ellos no han podido superar. O no han recibido ayuda. Es un problema social, económico y de falta de amor."

FUENTE 3: Este informe está basado en un artículo de la revista *Ecos*.

Panamá: Sin bosques no hay Canal

Los bosques que rodean al canal de Panamá están en peligro; así lo denunciaron las asociaciones ecologistas que actúan en este país. Los terrenos alrededor del Canal son vendidos y deforestados para construir cabañas de lujo y comercios. En un 50% la cuenca del canal ha sido deforestada, y todavía hay terrenos que están en venta.

La historia de estos bosques comienza a principios del siglo pasado, cuando se talaron los árboles y se inundó parte del bosque para construir el Canal. Alrededor de éste, los bosques se recuperaron y crecieron rápidamente, lo que llevó a las autoridades administradoras del Canal a crear Parques Nacionales. La situación de Panamá hace que sus bosques tengan una especial importancia. Panamá es un pequeño puente entre el norte y el sur del continente americano. Allí, los dos grandes océanos, el Pacífico y Atlántico, casi se dan la mano. Por esta razón, el país tiene la mayor diversidad de árboles del mundo, que mantienen gran cantidad de animales y ecosistemas. Sólo Panamá registra 950 tipos de aves, el doble que todo el continente europeo.

Estados Unidos devolvió el Canal a los panameños en diciembre de 1999, y desde entonces aumentó la tala de bosques. Los ecologistas abogan por la conservación de los bosques, pues los árboles que rodean el canal son la garantía de que éste siga existiendo, lo protegen y revitalizan atrayendo la lluvia. Y los panameños necesitan las divisas que les reporta el Canal (700 millones de dólares anuales).

FUENTE 3: Este informe está basado en un artículo del diario *Prensa Libre de Guatemala*.

Ejecución parcial en Ley de Idiomas

A tres años de vigencia, la norma no ha cumplido con las expectativas de los indígenas

Por: Leslie Pérez

Han pasado tres años desde que fue aprobada la Ley de Idiomas Nacionales y no existen avances reales para que los mayas, garingus y xincas tengan acceso a la legislación y a los servicios en su idioma materno.

El espíritu inicial de la citada norma, aprobada en 2003, era precisamente hacer accesible a los pueblos indígenas el normamiento jurídico del país, así como que los servicios de salud, educación, justicia y seguridad fueran proporcionados en los idiomas locales.
Los consultados coincidieron en que su aplicación ha sido parcial.

Carlos Iboy, de la Defensoría Maya, destacó que de cada cien personas, un 20 por ciento no es atendido en su idioma. Aunque reconoció que es un porcentaje pequeño, el problema se da porque las personas no denuncian.

El vocero de la Corte Suprema de Justicia (CSJ) Héctor Luna, indicó que el Organismo Judicial cuenta con 571 empleados, entre operadores de justicia y personal administrativo, que además del español hablan un idioma maya. Agregó que adicionalmente hay contratados 43 intérpretes.

Jorge Raymundo, investigador del Instituto de Lingüística, de la Universidad Rafael Landívar, calificó lo anterior como un avance pero que no es suficiente.

Según Luna, la CSJ está consciente de ello, por lo que una de sus prioridades es contratar cien intérpretes más para el próximo año, lo que significaría un presupuesto de Q5 millones.

El presidente de la Academia de Lenguas Mayas de Guatemala (ALMG), Modesto Baquiax, aseguró que, aunque mínimos, ha habido algunos avances en cuanto a la atención de la población indígena.

Según Baquiax, existen instituciones públicas que tienen unidades o programas que atienden a los pueblos indígenas en su idioma. "Así también se les da asesoría o se les brinda acompañamiento, especialmente en temas legales", resaltó.

El investigador Jorge Raymundo del Instituto de Lingüística, de la Universidad Rafael Landívar, opinó que tal vez los mayores esfuerzos se han dado en el área de educación, pero no en todos los idiomas y no en toda la primaria.

Se considera que el criterio de aplicación de la ley ha sido el de instalar ventanillas para responder a las necesidades de esta población, pero a su consideración, estas acciones sólo fomentan la segregación del sector indígena.

"El Estado debe atender a los ciudadanos en su idioma y que no se sientan extranjeros en su propio país", resaltó Raymundo.

La mayoría de denuncias que ha recibido la Defensoría Maya son por la poca atención a los indígenas en materia de acceso a la justicia.

Carlos Iboy, de Relaciones Políticas y Asesoría Jurídica, de esta instancia, manifestó que el principal obstáculo es el acceso a la justicia.

Agregó que las denuncias que han llegado es porque la población no es atendida en su idioma, en especial en áreas como Sololá, Quiché, Huehuetenango y Baja Verapaz.

El vocero del Organismo Judicial, Héctor Luna, reconoció que aún existen ciertas deficiencias en el Organismo Judicial.

No obstante, señaló que han trabajado en soluciones como la instalación de juzgados de Paz comunitarios en muchas áreas con oficinas en las cuales el personal es cien por ciento bilingüe.

FUENTE 3: Esta entrevista está basada en un artículo de la revista *Ecos*.

La poeta Ana Belén Rodríguez de La Robla:
"El poema hace lo que quiere, tiene vida propia"

por Juan Ramón García Ober

    ¿Mujeres que escriben poesía en España? Hay que escudriñarse severamente el cerebro para dar con alguna. El panorama literario español está dominado por la narrativa, y además, por la narrativa masculina. Desde Cantabria nos llega ahora la voz de Ana Belén Rodríguez de La Robla, nacida en Santander en 1971 y profesora en la Universidad de Cantabria. La condición de marginalidad de las autoras de poesía en español se percibe también en la denominación "poetisa", que suena horrible, y que Ana Belén Rodríguez detesta: ella prefiere ser llamada "poeta". La poeta visitó Múnich y Eichstätt, gracias a la iniciativa del filólogo Ángel Díaz Arenas, que está preparando un estudio sobre su obra. Díaz Arenas consiguió también que el prestigioso traductor Curt Meyer-Clason tradujera al alemán los poemas de la joven poeta que podría ser fácilmente su nieta.

    Conversamos con Ana Belén Rodríguez en Múnich antes de la lectura de su último libro de poesía, *Naturaleza muerta*.

ECOS (E.):	¿Desde cuándo escribes poesía?
Ana Belén Rodríguez (A.B.R.):	Bueno, yo empecé a leer poesía de muy joven, sobre todo a los clásicos grecolatinos, que me fascinaron inmediatamente, sobre todo la lectura de Homero. Aquellos personajes, que encarnaban cada uno una idea, eran metáforas ambulantes, moviéndose dentro de la escenografía, eso me resultó verdaderamente atractivo y alumbrador de lo que podía ser el poder de la poesía. Y a partir de allí, pues, vino el contacto con los clásicos españoles, los del Siglo de Oro; después las incursiones en la poesía extranjera, la poesía inglesa del siglo XVI, el modernismo o el simbolismo francés. Una serie de corrientes poéticas que me sedujeron. Eso fue el inicio de mi amor por la poesía, y luego llegó el intento de hacer yo algo al respecto.
E.:	¿Cuántos libros de poesías tienes publicados?
A.B.R.:	Publicados tengo tres —*Reloj de agua, La sombra sostenida* y *Naturaleza muerta*— que han sido correspondidos cada uno con un premio literario.
E.:	Háblanos un poco de los temas de tus poemas. ¿Cómo encuentras las ideas, cómo las desarrollas?
A.B.R.:	En mi poesía hay un componente muy fuerte alusivo al tiempo y a la memoria. Es quizás el tema central de mi poesía, que luego admite ramificaciones, que pueden llegar hasta la historia, la mitología. Después está la propia vivencia personal, más íntima, pero siempre enfocada desde esa atalaya de la memoria, la distancia. Me parece muy importante la constatación del paso del tiempo, la diacronía: qué es lo que deja el tiempo en nosotros y las vivencias que han ocurrido en el pasado. ¿Cómo han llegado a calar a través del tiempo? ¿Qué es lo que permanece de todo lo que ha ocurrido en el tiempo pretérito?
E.:	¿Crees que para un poema es más importante la inspiración o el reescribir lo que se ha escrito al principio?
A.B.R.:	Cada poema es distinto. El poema generalmente es díscolo, es decir, hace lo que quiere, tiene vida propia. Generalmente, el poema surge cuando quiere. Otra cuestión es que luego haya que trabajarlo, haya que educarlo, en cierto modo pulirlo y reorientarlo hacia la idea que tú quieras expresar.

FUENTE 3: Este reportaje está basado en el artículo titulado "El chile, el condimento mexicano por excelencia", de Laura B. de Caraza Campos. Fue publicado en la revista mexicana *México desconocido*.

El chile, el condimento mexicano por excelencia

Se consume abundantemente en salsas, moles, guisados, conservas, escabeches; crudo, seco, tostado, molido, frito; entero o en rajas. Serrano, xalapeño, poblano, güero, piquín, chiltepín, ancho, mulatto, pasilla, de árbol, cascabel, morita, chipotle, habanero (uno de los más picantes) y muchos otros más que no acabaríamos por nombrar.

Es el personaje principal de la cocina mexicana. Nunca sabrá igual un taquito acompañado por una buena salsita, que sin ella. La infinidad de salsas que con él se preparan, acompañan estupendamente aves, pescados, carnes, mariscos, huevos, verduras y hasta, en algunos casos, a dulces como el famoso de tamarindo enchilado.

Nativo de América, se consume más en México que en ningún otro país, y es aquí donde se siembran todo el año cientos de variedades. Los hay de todas clases, formas, tamaños, colores y picor.

Colón lo descubrió en uno de sus viajes al Nuevo Mundo, y escribió lleno de entusiasmo que el ají (así es como se le llama en otros países americanos) "es su pimienta, y... es más valioso que la pimienta, y todo el mundo come sólo eso, es muy sano".

El chile se aclimató rápidamente en otros continentes. En África y, sobre todo en Asia, su aceptación fue tan rápida, que durante mucho tiempo se pensó que eran originarios del Oriente. Curiosamente, en esa región éstos embravecieron, y resultaron tan picantes como los más picosos de América. Por eso hay platillos de la cocina china, vietnamita, indonesa, polinesia e hindú que son fuego puro.

En cambio, en Europa el sabor se suavizó, dando origen sobre todo a las especies dulces —los pimiento— de donde viene el clásico pimentón español.

Cada tipo tiene sus características propias, pero todos tienen en común, en mayor o menor grado, su sabor picante, el cual es producido por una sustancia llamada capsicina, que se encuentra sobre todo en las semillas y las venas. Es rico en vitaminas A y C y contiene cantidades significativas de potasio, fósforo, magnesio y calcio.

FUENTE 3: Este es un fragmento de una entrevista que apareció en el periódico argentino *Clarín*. Se titula "Fueron alumnus excelentes, quieren ser los mejores maestros", de Alejandra Toronchik.

Vas a escuchar un reportaje sobre el programa "Elegir la docencia" del Ministerio de Educación de Argentina y sobre una de las jóvenes seleccionada entre los que fueron los mejores alumnos y quieren ser los mejores maestros.

NARRADOR: ¿Cómo se imagina un país sus maestros? ¿Como gente sufrida o como sus mejores alumnos para lograr que los chicos se enamoren del conocimiento? Paula Ripamonti, secretaria académica de la Dirección de Educación de Mendoza dice:

FEMALE 1:   Durante años recibimos jóvenes que nos pedían ayuda para estudiar y convertirse en maestros. Pero no teníamos nada para ofrecerles. Ahora, por primera vez, pudimos convocar a los mejores alumnos, los más comprometidos con la enseñanza, y ocuparnos de que ninguno se quede afuera. Durante el último año y medio se creó en Argentina la primera beca que busca a los mejores alumnos de cada escuela para convertirse en maestros.

NARRADOR: Una de las becadas es Jorgelina González. Jorgelina conoció este año parte del patrimonio cultural de su ciudad, Tandil. De la mano de su tutora fue a recorrer museos y lugares históricos, una manera de prepararla para cuando, el día de mañana, lleve a sus propios alumnos a hacer ese mismo descubrimiento. También intervino en un programa para recuperar el uso de las bibliotecas populares, impulsando a jóvenes y a adultos a visitarlas y revalorizarlas. Jorgelina quiere ser profesora de Biología.

FEMALE 2: Fuimos a la Feria del Libro en Buenos Aires, y un festival de cine al que no hubiéramos accedido de ninguna otra manera. Viajé a Bahía Blanca para el encuentro que se organizó con otros becarios, y era hermoso porque todos éramos futuros maestros, con millones de ideas de cómo hay que enseñar. Por ejemplo, nos pusimos a discutir el tema de las oportunidades. Una de las cosas que vamos a tener que hacer es dar una motivación para que los chicos sigan adelante, para que nadie se nos quede repitiendo "no tengo plata, no puedo".

NARRADOR: Jorgelina contó que una frase la había decidido por la docencia: "solamente la educación puede cambiar esta sociedad". Ahora es capaz de adaptarla a su propia medida.

FEMALE 2: Yo no sé, no vamos a cambiar el mundo porque eso suena muy grande. Pero un poquitito, una clase de cuarenta chicos, sí: algo voy a poder hacer.

SECTION 16

FUENTE 3: Este informe está basado en el artículo "Conservación internacional: Premios de herencia mundial". Fue difundido por *Conservation.org*.

Conservación Internacional y la revista *National Geographic Traveler* lanzan "Premios de Herencia Mundial"

Conservación Internacional (CI) y la revista *National Geographic Traveler* anunciaron la creación de los "Premios de Herencia Mundial". Esta iniciativa conjunta reconocerá a los negocios, organizaciones y lugares que hayan contribuido al desarrollo del turismo sostenible y cuyas acciones puedan servir como modelo para otros. Estas acciones incluyen la conservación de la naturaleza, la maximización de los beneficios económicos para las comunidades y el respeto por la diversidad cultural.

"Los turistas buscan experiencias que sean gratificantes e inolvidables, pero la industria del turismo sólo puede ser sostenible si los recursos naturales y el patrimonio cultural de los puntos turísticos son protegidos, y si las personas del lugar reciben beneficios económicos y sociales de las actividades turísticas. Al agregar valor a los atributos naturales, históricos y culturales del lugar proporcionamos un incentivo para protegerlos", dijo el editor de la revista.

El tercer premio reconocerá a un negocio, organización o gobierno por su excelencia en la protección del patrimonio natural y cultural de un lugar en su totalidad.

Los nominados también serán juzgados de acuerdo a la contribución de su proyecto al beneficio económico local, la promoción de prácticas de ecoturismo a través de educación y concienciación, y logros en proveer experiencias de viaje auténticas y enriquecedoras. Asimismo, deben demostrar que tienen un impacto positivo y significativo en el ecosistema, en la gente y en la región.

"Los Premios de Herencia Mundial reconocen el esfuerzo de los líderes de la industria del turismo que practican los principios del turismo sostenible. Estos principios incluyen turismo que contribuye a la conservación de la naturaleza y al bienestar de las personas en sus comunidades. Esta es una tremenda oportunidad para que los ganadores den a conocer su labor a nivel mundial y para diseminar prácticas de turismo responsables", agregó el director del Programa de Ecoturismo de Conservación Internacional.

Los ganadores serán anunciados en la televisión estadounidense y serán premiados en una ceremonia de gala. También serán entrevistados por la revista *Traveler* que llega a más de cuatro millones de lectores en todo el mundo.

FUENTE 3: Este es un pasaje de la novela *La sombra del viento*, de Carlos Ruiz Zafón.

NARRADOR: Este es un fragmento del capítulo "El cementerio de los libros olvidados".

El joven Daniel, personaje principal de *La sombra del viento*, una novela escrita por Carlos Ruiz Zafón, es hijo del dueño de una librería. Junto con su padre, el joven Daniel visita por primera vez una misteriosa biblioteca en la ciudad de Barcelona. Allí se guarda una copia de todos los libros. Sólo unas pocas personas elegidas pueden visitar esta biblioteca secreta.

FATHER: Este lugar es un misterio, Daniel, un santuario. Cada libro, cada átomo que ves, tiene alma. El alma de quien lo escribió, y el alma de quienes lo leyeron y vivieron y soñaron con él. Cada vez que un libro cambia de manos, cada vez que alguien desliza la mirada por sus páginas, su espíritu crece y se hace fuerte. Hace ya muchos años, cuando mi padre me trajo por primera vez aquí, este lugar era ya viejo. Quizás tan viejo como la misma ciudad. Nadie sabe a ciencia cierta desde cuándo existe, o quiénes lo crearon. Te diré lo que mi padre me dijo a mí. Cuando una biblioteca desaparece, cuando una librería cierra sus puertas, cuando un libro desaparece, cuando un libro se pierde en el olvido, los que conocemos este lugar, los guardianes, nos aseguramos de que llegue aquí. En este lugar, los libros que ya nadie recuerda, los libros que se han perdido en el tiempo, viven para siempre, esperando llegar algún día a las manos de un nuevo lector, de un nuevo espíritu. En la tienda, nosotros los vendemos y los compramos, pero en realidad los libros no tienen dueño. Cada libro que ves aquí ha sido el mejor amigo de alguien. Ahora sólo nos tienen a nosotros... La costumbre es que la primera vez que alguien visita este lugar tiene que escoger un libro, el que prefiera, y adoptarlo, asegurándose que nunca desaparezca, de que siempre permanezca vivo.

NARRADOR: Más adelante, Daniel comenta:

YOUNG ADULT SON: En una ocasión oí comentar a un cliente habitual en la librería de mi padre que pocas cosas marcan tanto a un lector como el primer libro que realmente se abre camino hasta su corazón. Aquellas primeras imágenes, el eco de esas palabras que creemos haber dejado atrás, nos acompañan toda la vida y esculpen un palacio en nuestra memoria al que, tarde o temprano... vamos a regresar.

UNIT IV Speaking

Part A Informal Speaking (Simulated Conversation)

━━━━━━━━━━━━━━━━━━━━━━━━ **SECTION 1** ━━━━━━━━━━━━━━━━━━━━━━━━

NARRATOR: Ahora tienes treinta segundos para leer el esquema de la conversación.

                    (30 seconds)

NARRATOR: Imagina que te encuentras con tu amiga Leticia en el pasillo de la escuela. Escucha lo que te cuenta sobre un gatito que encontró y el problema que tiene ahora.

NARRATOR: Ahora tienes un minuto para leer de nuevo el esquema de la conversación.

                    (1 minute)

                    Ahora imagina que te encuentras en el pasillo de la escuela y hablas con Leticia.

                    [Now press record to start the recorder.]
                    [Ahora presiona el botón de grabar para que empiece la grabación.]

FEMALE: Hola, ¿qué tal? Tengo que contarte algo interesantísimo.

                    TONE (20 seconds) TONE

FEMALE: Ayer mientras caminaba a casa me encontré con un gatito precioso. Parecía que tenía frío y como estaba solito me lo llevé a casa.

                    TONE (20 seconds) TONE

FEMALE: Mira, parece que sólo tiene unos días de nacido. Es pequeñísimo.

                    (TONE) (20 seconds) TONE

FEMALE: Es gris, tiene los ojos muy azules y la cola es blanca, ¿te imaginas?

                    TONE (20 seconds) TONE

FEMALE: El problema que tengo es que mis padres no lo saben todavía. Lo dejé en mi cuarto porque ellos no quieren animales en la casa.

                    TONE (20 seconds) TONE

FEMALE: Bueno, tienes razón. Voy a pensar en lo que me aconsejas. ¿Por qué no pasas por casa esta tarde para que lo veas?

                    TONE (20 seconds) TONE

NARRATOR: End of recording.

NARRATOR: Ahora tienes treinta segundos para leer el esquema de la entrevista.

(30 seconds)

NARRATOR: Imagina que quieres ser presidente del consejo estudiantil de tu escuela. Un estudiante te entrevista para publicar tus ideas en el periódico de la escuela.

NARRATOR: Ahora tienes un minuto para leer de nuevo el esquema de la entrevista.

(1 minute)

Ahora imagina que hablas con el reportero del periódico de la escuela.

[Now press record to start the recorder.]
[Ahora presiona el botón de grabar para que empiece la grabación.]

MALE: Hola, me gustaría que les explicaras a los estudiantes por qué quieres ser presidente del consejo estudiantil.

TONE (20 seconds) TONE

MALE: ¿Qué problemas ves entre los estudiantes y la administración?

(TONE) (20 seconds) TONE

MALE: ¿Qué sugerencias les darías a tus compañeros para cambiar la situación?

TONE (20 seconds) TONE

MALE: ¿Qué piensas de los otros candidatos que quieren ser presidente también?

TONE (20 seconds) TONE

MALE: Como sabes, muchos estudiantes no se molestaron en votar en las últimas elecciones. ¿Qué les dirías a esos estudiantes?

TONE (20 seconds) TONE

MALE: Ahora para terminar, ¿qué piensas hacer desde hoy hasta el día de las elecciones para que tengas éxito?

TONE (20 seconds) TONE

MALE: Muchas gracias por la entrevista. Te deseo mucho éxito.

TONE (20 seconds) TONE

NARRATOR: End of recording.

NARRATOR: Ahora tienes treinta segundos para leer el esquema de la conversación.

(30 seconds)

NARRATOR: Imagina que estás esperando el autobús y te encuentras con Luci, una amiga a quien no ves hace algunas semanas porque no te has podido comunicar con ella.

NARRATOR: Ahora tienes un minuto para leer de nuevo el esquema de la conversación.

(1 minute)

Ahora imagina que te encuentras en la parada de autobús y hablas con Luci.

[Now press record to start the recorder.]
[Ahora presiona el botón de grabar para que empiece la grabación.]

FEMALE: ¡Qué sorpresa, verte por aquí! ¿Qué tal?

TONE (20 seconds) TONE

FEMALE: ¡Ah, claro! Tengo un nuevo número de teléfono... es el 555–7685. Por eso no has podido comunicarte conmigo.

TONE (20 seconds) TONE

FEMALE: Perdí mi teléfono móvil con todos mis contactos y los números de los teléfonos. Ahora, tengo que conseguirlos para poder hablar con mis amigos.

TONE (20 seconds) TONE

FEMALE: ¡Qué amable, gracias! A ver, dime tu número de teléfono y así lo anoto en la memoria de mi teléfono nuevo.

TONE (20 seconds) TONE

FEMALE: Tienes razón. Soy muy olvidadiza. He perdido ya tres teléfonos móviles. Voy a tener más cuidado y así no perderé mis contactos.

TONE (20 seconds) TONE

FEMALE: Me parece excelente. Pero este fin de semana no puedo porque me voy a la playa con mis primos.

TONE (20 seconds) TONE

FEMALE: El próximo sábado sí puedo. ¡Qué bien!

TONE (20 seconds) TONE

NARRATOR: End of recording.

NARRATOR: Ahora tienes treinta segundos para leer el esquema de la conversación.

(30 seconds)

NARRATOR: Imagina que recibes un mensaje telefónico de tu amigo Ricardo, quien te pide que lo llames por teléfono. Escucha el mensaje.

MALE: [Leaving message on answering machine] [Beep] Aló… Oye, acabo de llegar a casa y tengo un gran chisme. Llámame en cuanto llegues. Sé que te encantan los chismes. ¡Hasta luego!

NARRATOR: Ahora tienes un minuto para leer de nuevo el esquema de la conversación.

(1 minute)

Ahora empezará tu llamada.

[Now press record to start the recorder.]
[Ahora presiona el botón de grabar para que empiece la grabación.]

MALE: [Ringing telephone, rings twice and picks up] Bueno.

TONE (20 seconds) TONE

MALE: No te preocupes. Oye, me acaban de decir que Ignacio y Gloria se han peleado. Ya no son novios. Aparentemente a la madre de Gloria no le gusta Ignacio y no quiere que ella salga más con él. ¡Te imaginas… !

TONE (20 seconds) TONE

MALE: Es que para la madre de Gloria, nadie es lo suficientemente bueno para salir con su hija. Ella es demasiado exigente. ¿Piensas que debo llamar a Ignacio para ofrecerle apoyo?

TONE (20 seconds) TONE

MALE: Bueno, tienes razón. Estoy seguro que él está muy triste. Él estaba locamente enamorado de ella.

TONE (20 seconds) TONE

MALE: Excelente idea. Nos vemos entonces.

TONE (20 seconds) TONE

NARRATOR: End of recording.

SECTION 5

NARRATOR: Ahora tienes treinta segundos para leer el esquema de la conversación.

(30 seconds)

NARRATOR: Imagina que tienes un problema con una muela y tienes que visitar a tu dentista urgentemente. Él trata de determinar la diagnosis.

NARRATOR: Ahora tienes un minuto para leer de nuevo el esquema de la conversación.

              (1 minute)

              Ahora imagina que estás en la oficina del dentista para la consulta.

              [Now press record to start the recorder.]
              [Ahora presiona el botón de grabar para que empiece la grabación.]

MALE: Hola. No tienes muy buen aspecto hoy. A ver, ¿qué pasa?

              TONE (20 seconds) TONE

MALE: A ver… abre la boca. Hmm. Sospecho que tienes unas caries. ¿Te duele mucho?

              TONE (20 seconds) TONE

MALE: Primero tenemos que sacar una radiografía para saber exactamente qué pasa.

              TONE (20 seconds) TONE

MALE: Después, una inyección para anestesiar la encía. Tranquilízate, no vas a sentir mucho dolor, es nada más
              un pinchazo.

              TONE (20 seconds) TONE

MALE: No puedo ayudarte si no cooperas. Sí, hay unas caries, por eso hay dolor. Así que manos a la obra,
              ¿de acuerdo? No tengas miedo.

              TONE (20 seconds) TONE

MALE: Ya verás, todo saldrá bien.

              TONE (20 seconds) TONE

NARRATOR: End of recording.

SECTION 6

NARRATOR: Ahora tienes treinta segundos para leer el esquema de la conversación.

              (30 seconds)

NARRATOR: Imagina que te encuentras con tu amiga Cecilia a quien le hablas sobre una idea que tienes. Quieres
              empezar un nuevo club en la escuela y quieres saber la opinión de Cecilia y pedirle ayuda.

NARRATOR: Ahora tienes un minuto para leer de nuevo el esquema de la conversación.

              (1 minute)

              Ahora imagina que te encuentras con tu amiga Cecilia y empiezan la conversación.

Ahora empezará la conversación.

TONE (20 seconds) TONE

FEMALE: Bien, gracias. Me dijeron que querías hablar conmigo.

(TONE) (20 seconds) TONE

FEMALE: Me parece una idea excelente. Aunque espero que sea algo serio. Creo que debemos empezar un club que verdaderamente ayude a las personas que necesiten ayuda.

TONE (20 seconds) TONE

FEMALE: Mira, podemos recaudar fondos para comprar juguetes para los niños en el hospital o pedirles a los estudiantes que traigan comida en latas para los que no tienen casa.

TONE (20 seconds) TONE

FEMALE: Sí, yo estoy libre después de las tres. ¿Por qué no nos reunimos y hacemos más planes?

TONE (20 seconds) TONE

FEMALE: Estupendo. Nos vemos más tarde.

TONE (20 seconds) TONE

NARRATOR: End of recording.

──────────────── **SECTION 7** ────────────────

NARRATOR: Ahora tienes treinta segundos para leer el esquema de la conversación.

(30 seconds)

NARRATOR: Imagina que llegas a clase muy temprano. Quieres hablar con tu maestro porque no has terminado el informe que tenías que hacer. Escucha lo que te dice tu maestro.

NARRATOR: Ahora tienes un minuto para leer de nuevo el esquema de la conversación.

(1 minute)

Ahora imagina que tu maestro empieza a hablarte.

MALE: Buenos días, qué temprano llegas hoy. ¿Vienes a entregar tu informe? Seguramente has hecho un trabajo excelente, como siempre.

TONE (20 seconds) TONE

MALE: La semana pasada le recordé a toda la clase que hoy era la fecha para entregarlo. Y además, está anotado en el horario en mi página web.

TONE (20 seconds) TONE

MALE: Lo siento muchísimo pero no puedo hacer excepciones. Tienes que aprender a anotar las fechas importantes en tu calendario y cumplir con tus obligaciones.

(TONE) (20 seconds) TONE

MALE: ¿Y cómo puedo yo comprobar eso? ¿Cómo puedo saber que no es simplemente una excusa sin fundamento?

TONE (20 seconds) TONE

MALE: Voy a considerar lo que me pides, pero no te prometo nada seguro.

TONE (20 seconds) TONE

MALE: Ya va a tocar el timbre para empezar la clase. Mejor te sientas.

NARRATOR: End of recording.

SECTION 8

NARRATOR: Ahora tienes treinta segundos para leer el esquema de la conversación.

(30 seconds)

NARRATOR: Imagina que tuviste un pequeño accidente mientras jugabas en el parque. Recibes una llamada telefónica de tu amigo Gilberto y le cuentas lo que pasó.

NARRATOR: Ahora tienes un minuto para leer de nuevo el esquema de la conversación.

(1 minute)

Ahora imagina que recibes la llamada de tu amigo Gilberto.

[Now press record to start the recorder.]
[Ahora presiona el botón de grabar para que empiece la grabación.]

MALE: [Telephone] [Rings twice and picks up] ¡Hola! Es Gilberto. ¿Cómo estás?

TONE (20 seconds) TONE

MALE: ¿Cómo? Ay, qué pena. ¿Cómo te sientes ahora?

(TONE) (20 seconds) TONE

MALE: Ay, y yo te llamaba para invitarte a salir a patinar esta tarde.

TONE (20 seconds) TONE

MALE:	Bueno, en ese caso es mejor hacer lo que tú dices.

TONE (20 seconds) TONE

MALE:	Fantástico. Entonces… nos vemos. ¡Hasta luego!

TONE (20 seconds) TONE

NARRATOR:	End of recording.

SECTION 9

NARRATOR:	Ahora tienes treinta segundos para leer el esquema de la conversación.

(30 seconds)

NARRATOR:	Imagina que vas a la oficina de Empresa Móviles S.A. para devolver un teléfono móvil que está defectuoso. Necesitas un teléfono nuevo.

NARRATOR:	Ahora tienes un minuto para leer de nuevo el esquema de la conversación.

(1 minute)

Ahora imagina que te encuentras en la oficina para hablar con la empleada.

[Now press record to start the recorder.]
[Ahora presiona el botón de grabar para que empiece la grabación.]

FEMALE:	Buenas, mi nombre es Ana Carla. ¿En qué puedo servirle?

TONE (20 seconds) TONE

FEMALE:	Lo siento mucho. En realidad, Ud. puede aprovechar la ocasión para tener un modelo nuevo con más opciones. Con éste puede sacar fotos.

TONE (20 seconds) TONE

FEMALE:	Este modelo nuevo, con 200 minutos más al mes, solamente le costaría veinte dólares más al mes. ¡Una ganga!

(TONE) (20 seconds) TONE

FEMALE:	En realidad, le estoy ofreciendo el plan más barato.

TONE (20 seconds) TONE

FEMALE:	Me parece una buena decisión. Ya verá que es un producto excelente. Pase a la caja. Allí llenará un formulario y le ayudarán a programar su nuevo teléfono.

TONE (20 seconds) TONE

End of recording.

NARRATOR: Ahora tienes treinta segundos para leer el esquema de la conversación.

(30 seconds)

NARRATOR: Imagina que tu padre te habla sobre las vacaciones de verano. Él quiere pasarlas en el campo pero tú tienes otras ideas y le ofreces otras sugerencias.

NARRATOR: Ahora tienes un minuto para leer de nuevo el esquema de la conversación.

(1 minute)

Ahora imagina que estás con tu padre para la conversación.

[Now press record to start the recorder.]
[Ahora presiona el botón de grabar para que empiece la grabación.]

MALE: Tengo una gran sorpresa. Este verano vamos a alquilar una casita en el campo, en las montañas.

TONE (20 seconds) TONE

MALE: Hay un lago cerca donde podemos nadar y hasta podemos pescar. Vamos a gozar del aire fresco por primera vez en muchos años.

(TONE) (20 seconds) TONE

MALE: Yo estoy seguro de que a tu mamá le encantaría la casita de campo.

TONE (20 seconds) TONE

MALE: Por favor, no se lo digas a ella. Quiero darle la sorpresa yo mismo.

TONE (20 seconds) TONE

MALE: El año pasado fuimos a la playa y había demasiada gente y el calor era horrible.

TONE (20 seconds) TONE

MALE: Bueno, por qué no esperamos hasta que yo le dé la sorpresa a tu madre y después hablamos todos juntos.

TONE (20 seconds) TONE

NARRATOR: End of recording.

SECTION 11

NARRATOR: Ahora tienes treinta segundos para leer el esquema de la conversación.

(30 seconds)

NARRATOR: Imagina que escuchas un mensaje por la radio animándote a participar en un concurso. Escucha el mensaje.

FEMALE:	¡Atención, joven que me escuchas! Te habla Alicia Robledo invitándote a participar en el concurso "Ayuda a tu comunidad". $500 dólares para el proyecto ganador. Envía tu propuesta a www.radiolonuestro.com antes del día 15 de noviembre. Los tres finalistas serán invitados a una entrevista conmigo, Alicia Robledo. ¡Anímate, gana y ayuda a tu comunidad!
NARRATOR:	Ahora tienes un minuto para leer de nuevo el esquema de la conversación.
	(1 minute)
	Ahora imagina que te encuentras en la oficina de la Sra. Robledo para la entrevista.
	[Now press record to start the recorder.] [Ahora presiona el botón de grabar para que empiece la grabación.]
FEMALE:	[Sound of a door opening] Hola, Alicia Robledo para servirte. Bienvenido a nuestra emisora como finalista del concurso "Ayuda a tu comunidad". Pasa, pasa y siéntate. [You hear a door closing and a chair moving]
	TONE (20 seconds) TONE
FEMALE:	¡Bien, bien! ¿Pudieras darme más detalles acerca de tu proyecto y cómo ayudaría a tu comunidad?
	TONE (20 seconds) TONE
FEMALE:	Sí, muy bien, pero, la competencia es dura, ¿sabes? Explícame una cosa. Recuerda, son $500 dólares para ayudar a tu comunidad. ¿Por qué debe ser tu proyecto el ganador del primer premio?
	TONE (20 seconds) TONE
FEMALE:	Fantástico. Mañana a las 8:00 PM anunciaremos el nombre del ganador y su proyecto. No dejes de venir a nuestros estudios. ¡Quién sabe! Tal vez escuches tu nombre.
	TONE (20 seconds) TONE
FEMALE:	Buena suerte y hasta pronto. [A door closes]
NARRATOR:	End of recording.

SECTION 12

NARRATOR:	Ahora tienes treinta segundos para leer el esquema de la conversación.
	(30 seconds)
NARRATOR:	Imagina que vas conduciendo tu automóvil y una agente de policía te hace señas para parar el auto. Aparentemente has cometido una infracción y necesitas explicarle a la agente lo que pasó.
NARRATOR:	Ahora tienes un minuto para leer de nuevo el esquema de la conversación.
	(1 minute)
	Ahora imagina que estás en tu auto y la agente te habla.
	[Now press record to start the recorder.] [Ahora presiona el botón de grabar para que empiece la grabación.]

FEMALE: Joven, usted ha cometido una infracción de tráfico muy severa. ¿Sabe lo que ha hecho?

            TONE (20 seconds) TONE

FEMALE: ¿Cómo? Su auto venía a 40 kilómetros por hora en una zona residencial de 25. Viajar a exceso de velocidad es peligroso para usted y para los demás.

            TONE (20 seconds) TONE

FEMALE: El radar no miente, joven. Esta infracción le va a costar caro. Muéstreme su carné de conducir.

            TONE (20 seconds) TONE

FEMALE: ¡Pero este carné de conducir no está vigente! Ud. debió haberlo renovado hace tres meses. Esto es otra infracción que hay que sancionar con otra multa.

            TONE (20 seconds) TONE

FEMALE: Joven, la ley es la ley; no hay excepciones, aunque su padre sea el jefe de la policía. Aquí tiene, dos multas y la dirección del Departamento de Tráfico.

            TONE (20 seconds) TONE

FEMALE: Aquí tiene. Pague la multa y renueve el carné. O si no, recibirá una citación para aparecer delante de un juez. La decisión es suya.

            TONE (20 seconds) TONE

NARRATOR: End of recording

SECTION 13

NARRATOR: Ahora tienes treinta segundos para leer el esquema de la entrevista.

            (30 seconds)

NARRATOR: Imagina que Jorge, un estudiante que se graduó de la universidad a la cual quieres asistir, viene a visitar tu escuela. Él te da la oportunidad de entrevistarte con él y hablar sobre tus experiencias y tus planes para el futuro.

NARRATOR: Ahora tienes un minuto para leer de nuevo el esquema de la entrevista.

            (1 minute)

            Ahora imagina que estás sentado en un aula con Jorge para la entrevista.

            [Now press record to start the recorder.]
            [Ahora presiona el botón de grabar para que empiece la grabación.]

MALE: Hola. Me dijeron que te interesaba la universidad de donde me gradué. ¿Por qué te gusta tanto?

            TONE (20 seconds) TONE

MALE:	Sabes que el programa académico es exigente. ¿Cómo te ha ido académicamente en esta escuela?
	(TONE) (20 seconds) TONE
MALE:	Interesante… y fuera de las clases, ¿en qué actividades has participado?
	TONE (20 seconds) TONE
MALE:	Y ahora… ¿qué te gustaría estudiar?
	TONE (20 seconds) TONE
MALE:	Me parece bien… ¿Has investigado otros programas en otras universidades?
	TONE (20 seconds) TONE
MALE:	Bueno, dime… ¿cómo piensas que vas a ayudar a tu comunidad o al mundo cuando termines tus estudios universitarios?
	TONE (20 seconds) TONE
MALE:	Mira, me parece que serías un candidato ideal para esta universidad. Yo puedo arreglar una visita si te interesa.
	TONE (20 seconds) TONE
MALE:	La semana próxima te puedo llamar y entonces te daré el número de teléfono de la persona a quien debes llamar.
	TONE (20 seconds) TONE
NARRATOR:	End of recording.

SECTION 14

NARRATOR:	Ahora tienes treinta segundos para leer el esquema de la conversación.
	(30 seconds)
NARRATOR:	Imagina que llamas a la casa de tu amiga Marisa y responde su abuelo. Necesitas hablar con Marisa para cancelar una cita pero el abuelo no te conoce y le tienes que explicar quién eres y por qué llamas a Marisa.
NARRATOR:	Ahora tienes un minuto para leer de nuevo el esquema de la conversación.
	(1 minute)
	Ahora imagina que llamas a Marisa y su abuelo responde.
	[Now press record to start the recorder.] [Ahora presiona el botón de grabar para que empiece la grabación.]
MALE:	[Sound of phone ringing] ¡Oigo! ¿Quién es?
	TONE (20 seconds) TONE

MALE:	¡Diga! ¿Quién habla?
	TONE (20 seconds) TONE
MALE:	Lo siento, pero creo que tiene el número equivocado. O la línea no funciona bien.
	TONE (20 seconds) TONE
MALE:	¡Ah, vamos! Usted está llamando a mi nieta Marisa. Ya entiendo. Disculpe, es que estoy un poco sordo. Pero Marisa no está en casa ahora.
	TONE (20 seconds) TONE
MALE:	Mari no llega hasta pasadas las ocho esta noche. Si quiere, puede Ud. llamar más tarde o puede dejarme un recado.
	TONE (20 seconds) TONE
MALE:	No se preocupe. Yo le doy el recado. Estaré un poco sordo pero todavía tengo buena memoria. Hasta luego.
	TONE (20 seconds) TONE
NARRATOR:	End of recording.

SECTION 15

NARRATOR:	Ahora tienes treinta segundos para leer el esquema de la entrevista.
	(30 seconds)
NARRATOR:	Imagina que te han invitado a un programa de entrevistas para gente joven. La presentadora quiere discutir los problemas que los jóvenes enfrentan día a día.
NARRATOR:	Ahora tienes un minuto para leer de nuevo el esquema de la entrevista.
	(1 minute)
	Ahora imagina que te encuentras en los estudios de televisión para la entrevista.
	[Now press record to start the recorder.]
	[Ahora presiona el botón de grabar para que empiece la grabación.]
FEMALE:	Bienvenidos, chicos. Para empezar, ¿cuáles piensan Uds. que son los problemas más grandes que la juventud tiene que enfrentar hoy día? A ver… tú…
	TONE (20 seconds) TONE
FEMALE:	¿Cómo afectan estos problemas tu relación con tus amigos?
	(TONE) (20 seconds) TONE
FEMALE:	Y… ¿con tus padres?
	TONE (20 seconds) TONE

FEMALE: Es obvio que es un verdadero reto. ¿Qué hacen tú y tus compañeros para mejorar la situación?

             TONE (20 seconds) TONE

FEMALE: Otra área que estoy segura pone mucha presión en ustedes es hacer planes para la universidad, ¿verdad?

             TONE (20 seconds) TONE

FEMALE: Bueno, ya hemos hablado de cosas un poco negativas, pero ¿qué aspecto de tu vida hace que te sientas contento de ser un joven en el mundo de hoy?

             TONE (20 seconds) TONE

FEMALE: Gracias por tu honestidad en tus opiniones. Ahora, vamos a hablar con Humberto, otro chico entre nuestros invitados hoy.

             TONE (20 seconds) TONE

NARRATOR: End of recording.

SECTION 16

NARRATOR: Ahora tienes treinta segundos para leer el esquema de la conversación.

             (30 seconds)

NARRATOR: Imagina que visitas un museo en España y vas a la taquilla de la entrada. Necesitas información sobre el museo y sus actividades.

NARRATOR: Ahora tienes un minuto para leer de nuevo el esquema de la conversación.

             (1 minute)

             Ahora imagina que te encuentras en la taquilla del museo.

             [Now press record to start the recorder.]
             [Ahora presiona el botón de grabar para que empiece la grabación.]

MALE: Buenos días. ¿Es la primera vez que visita nuestro museo?

             TONE (20 seconds) TONE

MALE: La entrada cuesta 10 euros con el descuento para estudiantes. ¿Tiene el carné?

             TONE (20 seconds) TONE

MALE: Aquí tiene la guía del museo con los detalles de nuestras colecciones. Hay una exposición de pintores hispanoamericanos del siglo XX en el segundo piso.

             TONE (20 seconds) TONE

| MALE: | Si desea un tour grabado, puede alquilar la visita grabada o, puede unirse al grupo de un guía. En unos cinco minutos empezará la próxima visita con guía al museo. |

TONE (20 seconds) TONE

| MALE: | La tienda del museo, está a la salida, allí, a la derecha. Siempre hay algunos artículos con descuento. |

TONE (20 seconds) TONE

| MALE: | A sus órdenes. |

| NARRATOR: | End of recording. |

SECTION 17

| NARRATOR: | Ahora tienes treinta segundos para leer el esquema de la conversación. |

(30 seconds)

| NARRATOR: | Imagina que recibes una llamada de tu amiga Soledad. Ella quiere decirte que sus padres han decidido mudarse a otro país lejos de donde ustedes viven ahora. |

| NARRATOR: | Ahora tienes un minuto para leer de nuevo el esquema de la conversación. |

(1 minute)

Ahora empezará la llamada.

[Now press record to start the recorder.]
[Ahora presiona el botón de grabar para que empiece la grabación.]

[Phone rings twice and you answer]

TONE (20 seconds) TONE

| FEMALE: | Hola, es Soledad. Mira, esta mañana mis padres nos dijeron que al final del curso escolar nos mudamos a Brasil. |

TONE (20 seconds) TONE

| FEMALE: | Le han ofrecido un puesto buenísimo a mi papá, una promoción con un sueldo magnífico. |

(TONE) (20 seconds) TONE

| FEMALE: | Estoy un poco emocionada, pero tengo muchas preocupaciones. Por ejemplo, yo no hablo portugués. |

TONE (20 seconds) TONE

| FEMALE: | Y lo peor de todo es que voy a perder a mis mejores amigos. |

TONE (20 seconds) TONE

| FEMALE: | Sí… es verdad… bueno, ¿por qué no almorzamos mañana? Así podemos hablar con más calma. |

TONE (20 seconds) TONE

| FEMALE: | Gracias por tu apoyo. Hasta mañana. |

| NARRATOR: | End of recording. |

SECTION 18

| NARRATOR: | Ahora tienes treinta segundos para leer el esquema de la conversación. |

(30 seconds)

| NARRATOR: | Imagina que recibes un mensaje telefónico, solicitando que llames para participar en un concurso. |

| MALE: | [Answering machine] [Beep] Hola. De acuerdo a nuestros archivos, tienes el número 1742 en tu "Boleta de la suerte" para participar en nuestro concurso. Para ganar uno de nuestros fabulosos premios, llámanos en horas de oficina al número que aparece en tu boleta ganadora. ¡Y, suerte! |

| NARRATOR: | Ahora tienes un minuto para leer de nuevo el esquema de la conversación. |

(1 minute)

Ahora imagina que llamas a la oficina del concurso.

[Now press record to start the recorder.]
[Ahora presiona el botón de grabar para que empiece la grabación.]

| FEMALE: | [Telephone] [Rings twice and picks up] Gracias por llamar al concurso "Boleta de la suerte". Habla Marisol. |

TONE (20 seconds) TONE

| FEMALE: | ¡Qué bueno que llamaste! La lista de premios es interminable. Un viaje al Perú con todos los gastos pagados, para ti y un acompañante, una suscripción por un año a varias revistas hispanoamericanas, y muchos más. |

TONE (20 seconds) TONE

| FEMALE: | ¡Muy fácil! Participas en nuestro sondeo de opinión que consiste en unas 20 preguntas. Después, colocamos tu número en el bombo del sorteo. |

TONE (20 seconds) TONE

| FEMALE: | No, no mucho tiempo. El sondeo dura solamente unos 10 minutos. Y no, no tienes que comprar nada. Si te parece, comenzamos con la primera pregunta, ¿sí? |

TONE (20 seconds) TONE

| FEMALE: | ¡Fantástico! Ya verás que es muy fácil. |

TONE (20 seconds) TONE

| NARRATOR: | End of recording. |

NARRATOR: Ahora tienes treinta segundos para leer el esquema de la conversación.

(30 seconds)

NARRATOR: Imagina que estás almorzando con tu amiga María Elena en la cafetería de la escuela. Tú la pones al tanto de lo que sucedió el día anterior cuando ella no estaba en la escuela. Fue un incidente escandaloso.

NARRATOR: Ahora tienes un minuto para leer de nuevo el esquema de la conversación.

(1 minute)

Ahora imagina que te encuentras en la cafetería y hablas con María Elena.

[Now press record to start the recorder.]
[Ahora presiona el botón de grabar para que empiece la grabación.]

FEMALE: ¡No me digas! ¿Y habían otras personas allí?

TONE (20 seconds) TONE

FEMALE: ¿Y qué hiciste tú?

(TONE) (20 seconds) TONE

FEMALE: Ay, me hubiera gustado estar allí. Y la administración… ¿hizo algo?

TONE (20 seconds) TONE

FEMALE: ¿Ya lo sabe todo el mundo? ¿Qué piensan los otros estudiantes del incidente?

TONE (20 seconds) TONE

FEMALE: ¡Qué pena! Es triste que la gente actúe de esa manera.

TONE (20 seconds) TONE

FEMALE: Yo también tengo que ir a mi próxima clase. ¡Chao! Nos vemos más tarde.

NARRATOR: End of recording.

SECTION 20

NARRATOR: Ahora tienes treinta segundos para leer el esquema de la conversación.

(30 seconds)

NARRATOR: Imagina que viajas a la ciudad de Santiago, Chile para la boda de tu tío al día siguiente. El vuelo en el que viajas llega tarde y pierdes tu conexión. Te acercas al mostrador para hablar con el agente de la compañía aérea.

NARRATOR: Ahora tienes un minuto para leer de nuevo el esquema de la conversación.

(1 minute)

Ahora imagina que te encuentras en el aeropuerto para hablar con el agente.

[Now press record to start the recorder.]
[Ahora presiona el botón de grabar para que empiece la grabación.]

MALE: Buenas. ¿En qué puedo servirle?

TONE (20 seconds) TONE

MALE: Lo siento mucho, pero como su vuelo ha llegado con retraso, desafortunadamente Ud. ha perdido su conexión a Santiago.

TONE (20 seconds) TONE

MALE: Lamento mucho su situación. Hay un vuelo que sale a las seis, pero no hay una plaza disponible en la cabina. Puedo ponerlo en la lista de espera, pero no hay ninguna garantía.

TONE (20 seconds) TONE

MALE: Podría cambiar su boleto si está Ud. dispuesto a pagar la diferencia de la tarifa del pasaje.

TONE (20 seconds) TONE

MALE: Llega a las 8:45 hora de Santiago. Si no facturó Ud. el equipaje, seguramente llegará al hotel a la hora de la cena.

TONE (20 seconds) TONE

MALE: A sus órdenes y gracias por volar con nosotros.

NARRATOR: End of recording.

Part B Formal Oral Presentation (Integrated Skills)

Informe de la radio

FUENTE 2: Este informe, que se titula "Obras de arte en los muros de Caracas", se basa en un artículo publicado en la revista *Ecos*.

Venezuela: Obras de arte en los muros de Caracas

"A grandes males, grandes remedios", es lo que debió de pensar la dirección del Museo Arturo Michelena de Caracas. Como el museo recibía pocos visitantes, la dirección decidió sacar las obras a los muros del vecindario para que la gente las contemple y, de este modo, aproximar el arte a la calle.

El Museo Michelena está cambiando la forma de ver el arte; no sólo sacó los cuadros a la calle, sino que encargó la copia de algunas de sus pinturas a jóvenes artistas para que las conviertan en grandes murales en las paredes vacías del vecindario. Los primeros murales han sido realizados por Ian Pierce, pintor estadounidense de origen chileno, y las siguientes copias serán hechas por jóvenes licenciados en Bellas Artes. De este modo, el museo quiere ayudar a crear un nuevo movimiento muralista venezolano.

Arturo Michelena (1863–1898) fue uno de los principales pintores venezolanos, autor de más de 700 obras, la mayor parte de las cuales son pinturas épicas de género y retratos. Los expertos en arte lo califican como "el impresionista impresionante". El Museo Michelena se encuentra en una antigua villa de dos plantas en la parroquia La Pastora, de Caracas. La casa fue el taller del artista, y, tras su muerte, su viuda recobró las obras del mismo, con la intención de conservarlas y donarlas a la nación.

Informe de la radio

FUENTE 2: Este informe se titula "Ante la crisis, creatividad." Está basado en un artículo que apareció en la revista *Ecos*.

Argentina: Ante la crisis, creatividad

Si hay algo que no falta en Argentina, es la imaginación. Antes, los programas de televisión en Argentina, como en todas partes, ofrecían un coche, una casa, electrodomésticos, dinero... ; ahora, ofrecen puestos de trabajo. Si se piensa que la mitad de los argentinos están desempleados o subempleados, según las cifras oficiales, la verdad es que no es mala idea.

El concurso tiene la siguiente dinámica: hay dos participantes que optan a un puesto de trabajo; en la primera parte del programa, los candidatos se dan a conocer respondiendo a las preguntas que les hace el presentador, sobre música, aficiones y otras cuestiones bastante generales; después, cada uno cuenta su historia y los problemas que tiene, tanto en su vida como para encontrar empleo. Mientras, los espectadores pueden decidir por teléfono a quién le es más necesario el puesto ofertado. La segunda parte del concurso consiste en una prueba concreta, y depende del trabajo que en esa emisión esté en juego: si es un empleo como repostero, la prueba consistirá, por ejemplo, en rellenar pasteles. El que mejor lo haga, ganará un empleo por seis meses en una pastelería. En esta última fase, la empresa es la que tiene la palabra. Con suerte, y si ambos lo hacen bien podrán firmar el ansiado contrato.

Lo más curioso de esta historia es que este programa ha sido ideado por un grupo de parados. Los productores de "Recursos Humanos" trabajaban en un noticiero, y como resultado de la crisis fueron despedidos; no tenían trabajo, así que se inventaron uno. Crearon un producto que se emite en el Canal 13, y que está teniendo mucho éxito. Saben que no son la solución al problema de Argentina, pero mientras las cosas se arreglan, ellos ponen un parche.

SECTION 3

Informe de la radio

FUENTE 2: Este informe, que se titula "Daniel Barenboim y la Orquesta West Eastern Divan", está basado en un artículo que se publicó en *Ecos*.

Daniel Barenboim y la Orquesta West Eastern Divan: "Todos los hombres somos iguales ante la música"

En el teatro sevillano de La Maestranza, con un lleno total, el pianista y compositor argentino de origen judío Daniel Barenboim habla ante el público: "Estoy tan conmovido como cada uno de vosotros. Todos los días leemos en la prensa y vemos en la televisión gente que se mata, que sufre; sin embargo, aquí hemos encontrado una armonía no institucional, no política, sino individual que nace para servir a la música".

Barenboim acaba de hablar acerca de la Orquesta West Eastern Divan, una orquesta formada por casi ochenta músicos jóvenes israelíes y árabes, que nació bajo su dirección y como una idea común entre Barenboim y el escritor palestino Edward Said.

El concierto de Sevilla tuvo lugar durante el verano pasado y se completó con otros similares en Málaga, Lübeck, Berlín y Estrasburgo, que también se denominaron conciertos por la paz y tuvieron una exitosa respuesta del público.

Esta iniciativa por la paz y la música tuvo su origen en 1999 en Alemania, y se ha ganado el reconocimiento internacional, como lo demuestra el hecho de que acaba de recibir, en las personas de Barenboim y Said, el prestigioso premio español Príncipe de Asturias de la Concordia.

"El West Eastern Divan —explicaron sus creadores— es un proyecto cultural y humanitario. Lo que la música sí puede hacer es dar a jóvenes israelíes y de países del Oriente Próximo la posibilidad de compartir una pasión, que es más fuerte que compartir ideas." "Conseguir que un chico árabe y otro judío —añade Barenboim— se sienten ante el mismo atril y toquen la misma nota al mismo tiempo, es hacer que compartan algo positivo por primera vez. Cosas como ésta no solucionan los problemas políticos, pero nos cambian a todos los que las vivimos."

Cuando se piensa en que diariamente árabes e israelíes se están matando, o que muchos jóvenes árabes tienen prácticamente prohibido tener contacto con israelíes, este proyecto se convierte en un verdadero desafío en un mundo como el actual, en el que cada vez suenan más los ruidos de las bombas que el sonido de las bellas notas musicales.

Daniel Barenboim, que actualmente dirige la Ópera Unter den Linden de Berlín y la Chicago Symphony Orchestra, cuando analiza el conflicto del Oriente Próximo hace hincapié en que hablar de tolerancia no es usar la palabra justa. "Lo que hace falta es igualdad. Y esa igualdad es la que nos da la música: ante la Quinta Sinfonía de Beethoven, todos somos iguales, seamos israelíes, palestinos, árabes, cristianos o judíos."

Informe de la radio

FUENTE 2: Este informe se titula "Las mascotas no son juguetes", y está basado en un artículo publicado en la edición digital del periódico español *ABC*.

Las mascotas no son juguetes, Marco Díaz

La Navidad llega un año más cargada de regalos, y miles de animales también serán envueltos en papel brillante para alegrar a quienes lo reciban. Perros, gatos, cobayas, conejos, ratones… Tener una mascota exige grandes dosis de responsabilidad; no son simples juguetes, y conviene recordarlo estos días para que los animales tan bien recibidos hoy no acaben abandonados dentro de unos meses.

Una reciente encuesta calcula que más de 270.000 animales serán regalados en Navidad en toda España, de los que más de la mitad serán perros. Una cifra muy elevada que podría incrementarse con las compras convulsivas de última hora. Lo dice la asociación de animales El Refugio (www.elrefugio.org), que pide mucha responsabilidad a la hora de incorporar una mascota a la familia: ha de encajar plenamente en tu vida.

Este colectivo estima que uno de cada tres animales que se regalen estos días será abandonado a lo largo del año, sobre todo en verano, por lo que inciden en la responsabilidad. Para ello, han puesto en marcha una campaña protagonizada por una bonita dálmata que también fue abandonada, y que nos dice que hay que pensarlo bien antes de regalar un ser vivo: no es un juguete.

"Los animales no son peluches y tienen unas necesidades, y quien quiera tener uno ha de asesorarse bien antes: analizar sus gastos, sus posibilidades… " nos comenta Nacho Paunero, presidente de El Refugio, un colectivo que, como otras entidades, propone la adopción como primera opción para quien desee disfrutar de una mascota. Los centros de animales y los albergues de tu localidad están repletos de mascotas esperando a una familia responsable. La última palabra la tienes tú y tu familia, piénsalo bien.

Informe de la radio

FUENTE 2: Este informe se titula "Las telenovelas cohesionan la lengua." Está basado en un artículo que apareció en la portada de *La página del idioma* en la Web.

Barcelona. El profesor Gregorio Salvador, vicedirector de la Real Academia Española, opinó que la telenovela "es un vehículo de cohesión lingüística para los hispanohablantes", según declaró en la II Cumbre Mundial de la Industria de la Telenovela y Ficción aportando su visión como lingüista.

Salvador, que en 1994 publicó el libro *Un vehículo para la cohesión lingüística: el español hablado en los culebrones,* o telenovelas, relató que se sintió motivado a escribir esa obra cuando en 1990, en el marco de una reunión de las veintidós academias de la lengua española, alguien comentó el esfuerzo que se hacía en las telenovelas por utilizar un español comprensible para todos.

Ese mismo día, oyó a una joven española comentar a una amiga ante un escaparate: "¡Qué chéveres esos zapatos!". En esa época en España se emitía la telenovela venezolana "Cristal". "Una muchachita de una ciudad castellana estaba utilizando una expresión venezolana. Me di cuenta de que las telenovelas enriquecían el vocabulario", contó Salvador.

Al presentar en la Cumbre su ponencia sobre "El uso del español en los medios", el académico citó un ejemplo más reciente. En un autobús, también en España, una joven le dijo a otra: "Voy a pololear un rato". La expresión chilena, que se refiere a estar un rato con el novio (pololo), había sido tomada de la telenovela "Machos". Ahora un montón de hispanohablantes saben lo que es pololear.

"Todo esto ayuda a ampliar la riqueza de la lengua", comentó Salvador, quien destacó asimismo que el lenguaje de los culebrones intenta evitar expresiones que en algunos países tienen connotaciones sexuales.

"Me llamó la atención que en una cena una señora española decía 'agarrar la copa' en vez de 'coger la copa', como es normal en España. Después descubrí que había estado viendo una telenovela argentina. Me parece un acierto que las telenovelas hayan sabido huir de esas palabras que pueden resultar desagradables en otros países", expresó el académico.

SECTION 6

Informe de la radio

FUENTE 2: Este informe se titula "Bogotá se ha convertido en el destino obligado de los turistas en Colombia." Fue publicado en la revista colombiana *Cambio*.

Bogotá se ha convertido en destino obligado de los turistas en Colombia

Generosa. Ese podría ser el adjetivo para una ciudad que históricamente ha recibido con sus brazos abiertos a generaciones de colombianos provenientes de todos los rincones del país.

Miles de habitantes han sido testigos de cómo la ciudad ha logrado desarrollar una industria pujante, clínicas que son visitadas por pacientes extranjeros, una infraestructura vial y un espacio público que permite que la ciudad sea apropiada por sus peatones. Adicionalmente, la ciudad registra el mayor progreso en indicadores de seguridad en América Latina, con crecimientos del 300%.

Por estas razones, a Bogotá llegaron durante 2003 aproximadamente 2'600.000 visitantes de diferentes partes del país, y cerca de 950.000 provenientes del extranjero, por vía aérea. Por otra parte, desde 1991 hasta este año, la oferta de habitaciones aumentó en un 193%.

"La concepción de turismo ha cambiado y por eso hoy día recibimos visitantes de negocios, salud, educación, entretenimiento y religión", dice Claudia María Buitrago, subdirectora de turismo.

El turismo de entretenimiento y educación en una misma visita, por ejemplo, es una opción que se cristaliza en lugares como Maloka, el Jardín Botánico y el sistema de bibliotecas públicas. "Me gustó Maloka porque aquí conocí cosas que en el colegio me parecían más difíciles y aquí son más chéveres", dice Diana Marcela, una niña de nueve años que visitó el museo interactivo durante la semana pasada.

De igual forma, están los sitios de recreación pasiva y activa como el sistema de parques, conformado por areas protegidas, zonas verdes y parques urbanos. En total, el sistema incluye más de 1.000 parques.

Esta es sólo una pequeña parte de la nueva Bogotá: Una ciudad más segura, amable, consciente de su medio ambiente, educadora… Y generosa en una variada oferta cultural y recreativa.

Informe de la radio

FUENTE 2: Este informe se titula "Rosario Flores: Con su luz propia." Está basado en un artículo que apareció en la revista *Ecos*.

Es hija de la folclórica Lola Flores, "la Faraona", y del creador de la rumba flamenca, Antonio González, "el Pescaílla"; eso lo dice casi todo de su persona, y revela que su arte le viene de sangre y raza. El carácter rebelde y arrollador de la más pequeña de la saga Flores le ha servido para sortear y vencer las adversidades de la vida. Y ahora está saboreando las mieles de un éxito merecido.

La música siempre ha estado presente en su vida, y ha sido el motor en los momentos más duros de su existencia. La pérdida de sus seres más queridos, su madre, su hermano y su padre, la ha hecho más luchadora y vitalista. Afirma categóricamente que su hija y su trabajo son para ella su mayor orgullo. Y para que todo quede en familia, Rosario Flores declara disfrutar del éxito de su también popular hermana, Lolita. Lleva once años en los escenarios cantando y mostrando su poderío. Es una mujer apasionada, y pone sentimiento y corazón en todo lo que hace.

Un Grammy Latino y seis álbumes lo demuestran, así como también su faceta de actriz. En 1991 fue nominada para el premio Goya, el Oscar español, como mejor actriz secundaria por su participación en la película "Contra el viento", de Francisco Periñán. Y hasta ahora no ha recibido ninguna cornada, sino excelentes críticas por su papel de la torera Lydia en la premiada película de Almodóvar "Hable con ella". Rosario Flores es una mujer que se entrega en cuerpo y alma a su trabajo y al público.

Su álbum, "Muchas flores", ha sido el resultado del tesón, la experiencia y el buen hacer de una artista de la cabeza a los pies. Ha llegado su momento. Sus giras ya no son solamente nacionales, ahora el público americano también tararea su música y vibra con los sonidos de funk, soul gitano, rumba flamenca, blues y rock and roll. Rosario Flores es mucho más que Flores, es abundancia de energía, genio y figura. Y esperamos que nunca "se corte la coleta", o sea no abandone los escenarios, y nos deje disfrutar de su arte por mucho tiempo.

Informe de la radio

FUENTE 2: Este informe se titula "Cocinas solares: Rayos de transformación." Está basado en un artículo escrito por Darwin O'Ryan y Louise Meyer que apareció en la revista *Américas*, publicada en Estados Unidos.

Ruth Saavedra de Whitfield es una empresaria social de Cochabamba profundamente preocupada por la dura vida que llevan sus compatriotas. Ruth vende el medio de librarse de la monotonía diaria, la protección de daños corporales, ahorro financiero y una mejor calidad de vida. Ruth vende cocinas solares. Con su marido David, que dirige el Centro de Desarrollo en Energía Solar, una organización no gubernamental boliviana, en los últimos años ha recorrido una aldea tras otra del país haciendo demostraciones de la cocina solar. Ofrecen a los interesados materiales e instrucciones para construir sus propias cocinas, y luego les enseñan la forma de usarlas. David y Ruth pasan una semana en cada comunidad.

Algunas personas pueden pagar el costo de la cocina. A otras les ofrecen un contrato mediante el que se comprometen a construir otras cocinas para la comunidad o a capacitar a los vecinos sobre la forma de usarlas. Las mujeres pueden transformarse aprendiendo a cocinar con cocinas solares.

Ruth dice refiriéndose a una de sus estudiantes: "Antes, Carmen Vidal no se daba valor a sí misma, hasta que aprendió a usar las cocinas solares y captó el beneficio de las mismas para las familias bolivianas. Ahora Carmen es mi mejor capacitadora".

Las cocinas solares pueden proteger a las mujeres y a los niños de enfermedades respiratorias causadas por la inhalación del humo de leña. Pueden reducir la degradación del medio ambiente causada por el dióxido de carbono que se desprende al quemar la leña. No obstante, son relativamente pocos los que están dispuestos a cambiar sus formas tradicionales de vida hasta que se ven en la necesidad de hacerlo.

En las Américas, la creciente conciencia de la necesidad de cocinas solares es evidente. Existen iniciativas destinadas a introducirlas en por lo menos veintiún países, entre ellos México, Nicaragua, Perú y Panamá. En muchos lugares, las integrantes de grupos locales de mujeres han reunido dinero para comprar una o dos cocinas solares que comparten.

SECTION 9

Informe de la radio

FUENTE 2: Este informe, que se titula "María Pagés: tradición y modernidad", está basado en un artículo que se publicó en *Ecos*.

María Pagés: Tradición y modernidad

El flamenco "tiene que abrirse", dice María Pagés. Una mujer sevillana bailaora y coreógrafa, que acaba de recibir el Premio Nacional de Danza en la categoría de creación. María es abierta, respetuosa y seria con el flamenco. Es curiosa por naturaleza. Cuando traslada esa curiosidad a su mundo, el flamenco, resultan coreografías como "Un perro andaluz" o "La Tirana", obras que a nivel expresivo sobrepasan los límites de la tradición. En su coreografía "Flamenco Republic" intenta expresarse en flamenco puro: el espectáculo representa una ciudad imaginaria en la que la única ley es el flamenco, sensaciones y emociones, donde conviven diferentes culturas en total libertad.

María Pagés nació en Sevilla, en el popular barrio de Triana, en 1963. Se formó con los maestros María Coral y Manolo Marín. Siendo aún una niña empezó a bailar con las mejores compañías, la de Antonio Gades, Mario Maya, el Ballet de María Rosa, entre otros. En 1990, funda su propia compañía y debuta en su ciudad natal con el espectáculo "Sol y sombra". Fiel a su deseo investigador y cosmopolita, en 1995 encabeza el cartel de "Riverdance – The Show", el famoso montaje de Bill Whelan, y viaja por todo el mundo. También ha colaborado en películas de cine con directores de la talla de Carlos Saura. Ha sido directora de la Compañía Andaluza de Danza. En 1996 recibió el Premio Nacional de Coreografía. Pero no se quedó ahí. De brazos impresionantes, siguió bailando, expresiva y aguda. Siguió investigando y llegó hasta Goya, y montó "La Tirana", basada en un cuadro del genial pintor, junto al cineasta José María Sánchez. Después, le ofrecieron crear la Compañía Residente del Teatro Bulevar en Madrid, un proyecto pionero. Y lo hizo.

Como bailaora es exigente, como coreógrafa, más: María continúa estudiando, busca fotografías, videos, todo lo que sirva para avanzar. Dice que, a pesar de haber recibido el premio, su momento como coreógrafa "está todavía por llegar".

Informe de la radio

FUENTE 2: Este informe se titula "Versos sin letra: Una campesina que no sabe leer ni escribir es la sensación del Encuentro de Poetas Colombianas." Está basado en un artículo publicado por la revista *Semana* en Colombia.

LOCUTORA: Escuchen el siguiente reportaje de "Versos sin letra". Una campesina que no sabe leer ni escribir es la sensación del Encuentro de Poetas Colombianas, gracias a su talento y prodigiosa memoria

NARRADOR: Cuando Encarnación García Villa encuentra un tema que la inspira y compone uno de sus poemas, las primeras en enterarse son las gallinas que alimenta en el estrecho patio de su casa. Frente a ellas comienza su recital, que la acompaña en sus labores diarias y que se escucha en cada rincón de la humilde vivienda. Esta campesina se ha convertido en un icono para la región, especialmente para el municipio de Zarzal, Valle del Cauca en Colombia. Ella compone versos desde la adolescencia y hoy cuenta con un repertorio de 825 poemas. Ha publicado dos libros y alista otras dos obras. Y es analfabeta.

E. G. V.:   Mi mente es un torrente de ideas que hormiguean en mi cabeza.

NARRADOR: Explica que adquirió la riqueza oral que la caracteriza a través de años de escuchar radionovelas y devorar las noticias que se emiten por televisión.

E. G. V.:   Así me informo de todo lo que ocurre y las cosas van saliendo naturalmente. Me inspiro en los ríos, el campo, la violencia, el amor y mi familia.

NARRADOR: Su piel, cortada por arrugas, revela los 67 años que tiene. Hace 16 años llegó descalza, con sus ilusiones guardadas en un bolso de tela y sus composiciones en su memoria, al Encuentro de Poetas Colombianas, uno de los concursos más importantes del país en la materia y que se realiza desde hace 21 años en el Museo Rayo. Todavía no se explica de dónde sacó el valor para presentarse.

E. G. V.:   Ese día le dejé el almuerzo listo a mi esposo y gasté mis ahorros en el pasaje. Cuando entré al museo, todos me miraban con caras de criticones. Le dije [a la organizadora del evento] que quería exponer mis poemas, de inmediato me los pidió para leerlos y yo le respondí que con mucho gusto se los recitaba.

NARRADOR: Su poesía había conquistado a los asistentes. Sorprende la manera como compone versos rimados, perfectos, enriquecidos por la tradición oral. ¿Cómo lo entendió, cómo lo aprendió? Nadie lo sabe, es algo que ella lleva en los genes. Los directores del Museo Rayo, impactados por su capacidad, copian las íntimas vivencias de la poeta analfabeta. Algunas de las obras ya habían sido copiadas en cuadernos por sus familiares. Hoy Encarnación sigue armando versos y rogando que la memoria no se agote. Porque quiere seguir recitando esos poemas que le salen del alma hasta cuando ésta deje de habitar su cuerpo adolorido.

Informe de la radio

FUENTE 2: Este informe, sobre el español en Estados Unidos, se basa en una entrevista publicada en la revista *Ecos*.

El español en Estados Unidos

Hay dos hechos que hablan por sí mismos de la importancia del idioma en Estados Unidos: el primero es el movimiento "English only" (sólo inglés), que pretendía modificar la Constitución estadounidense para imponer así el inglés como lengua oficial y obligatoria (supondría también eliminar la enseñanza bilingüe de que disfrutan muchos niños de origen hispano). Y el segundo, las últimas elecciones en el país; baste decir que se invirtieron 4,5 millones de dólares en anuncios en español. Le preguntaron:

ECOS de España y Latinoamérica– Hace poco usted hablaba del auge del idioma español y de la cultura hispana en Estados Unidos. ¿Tiene ese hecho la importancia que los hispanohablantes deseamos?

Él respondió: Tiene una importancia enorme. ¿Por qué cree usted que Bush y Gore hacían discursos en español —muy mal español, pero hacían discursos en español—? Necesitaban el voto hispano, y no sólo el voto del inmigrante pobre sino el voto de una clase media hispanoparlante cada vez más amplia, cada vez más rica, cada vez más productiva; con un enorme poder publicitario, con 147 diarios en español en los Estados Unidos, 24 revistas en español, una docena de canales de televisión en lengua española. Es un poder muy grande, una capacidad de la clase media latina de generar mil millones de dólares cada seis semanas. De modo que no es sólo el pobre descalzo que cruza el río Bravo, sino que es una clase media que habla español, que mantiene los valores del mundo latino, del mundo español, y que tiene que ser cortejada por los políticos.

ECOS– ¿Y cómo reaccionan los demás estadounidenses ante este hecho?

Él– Los Estados Unidos han dejado de ser un país blanco y protestante para convertirse en un país multicultural. Se han dado cuenta de que hay una América indígena, una América china, una América hispánica, y una América de muchos colores y de muchas culturas. Y ya la minoría protestante y anglosajona es eso, una minoría.

ECOS– Por último, ¿la idea de que Estados Unidos influía mucho en la cultura latinoamericana no es ya tan cierta?

Él– No, la influencia es muy superficial; yo creo que hay una gran influencia, pero es superficial. Es una cultura de McDonalds, de Kentucky Fried Chicken, de modas, de televisión, y eso siempre ha existido. Roma dictó la moda durante el tiempo que duró el Imperio romano. Francia dictó la moda durante el siglo XIX. Ahora son los Estados Unidos. Eso pasará. En Estados Unidos la influencia hispánica se da a niveles más profundos: se da al nivel de idioma, al de las relaciones familiares, al nivel de la religión, se da al nivel de la comunidad, y se da, de una manera importantísima, al nivel de la cocina. Una cocina muy superior a la de los Estados Unidos.

Informe de la radio

FUENTE 2: Este artículo, "Colombia adorna el mundo con flores," por Gregori Dolz Kerrigan, fue publicado en la revista *Nexos*.

Colombia adorna el mundo con flores

Si aterriza en Bogotá y está ubicado en el asiento de ventanilla del avión, observará el sinfín de invernaderos dedicados al cultivo de millones de flores que cubren los alrededores del aeropuerto y la periferia de la ciudad.

Colombia se ha convertido poco a poco en la segunda potencia mundial de producción de flores.

La rosa, los claveles, los lirios y los tulipanes son los cultivos más populares, pero Colombia es el país con la mayor variedad de flores del mundo. También es el mayor productor de claveles del mundo y el que mayor variedad de orquídeas tiene: nada menos que 3.500 especies.

Desde Medellín, pasando por todo el noroeste de Colombia, pero sobre todo, en la sabana de Bogotá, donde se produce más del 80% de las flores colombianas, la floricultura ha tenido una explosión en las últimas décadas. Hoy día, y según las estadísticas de la Asociación Colombiana de Exportadores de Flores (Asocoflores), esta industria aporta unos 94.000 empleos directos y más de 80.000 indirectos, y las exportaciones alcanzaron los 787 millones de dólares en 2004.

Holanda sigue dominando esta industria con una participación del 56% mundial, pero en sólo 35 años, Colombia se ha colocado en el segundo lugar con una cuota del mercado del 15%, según estadísticas Asocoflores.

La producción de flores en Colombia está prácticamente dedicada en su totalidad a la exportación, ya que un 98% de las mismas tienen esta finalidad. En Estados Unidos el 60% de las flores vendidas tienen origen colombiano.

Gracias a legislaciones como la Ley de Promoción Andina y Erradicación de Drogas firmada con los Estados Unidos, el cultivo de flores se ha visto beneficiado en detrimento de cultivos ilegales, explicó Christine Boldt, vicepresidenta de la Asociación de Importadores de Flores del estado norteamericano de Florida (AFIF). Además, programas como Floraverde promueven el cultivo de flores que minimice el impacto negativo en el medio ambiente a través del uso limitado de insecticidas y el reciclaje del agua.

"La exportación a Europa es mucho menor debido sobre todo a su lejanía comparado con Estados Unidos, ya que el transporte encarece mucho el producto" añadió Boldt. Según la Oficina de Estadísticas de la Unión Europea (Eurostat), Colombia es el cuarto proveedor de flores a este bloque económico, con un 4% del total importado.

La ciudad de Miami (Florida) es el principal puerto de entrada a los EEUU de las flores colombianas, y es que a través de la "capital" del sur de la Florida llegan anualmente el 88% de las flores que entran a los Estados Unidos. Esto se debe a la proximidad de Miami a América Latina y a que esta ciudad posee la logística e instalaciones refrigeradas adecuadas, algo que no tiene ningún otro punto de entrada. Es por eso que las importaciones a través de Miami han crecido durante los últimos 20 años de forma consecutiva y entre los años 2000 a el 2003 se ubicaron 976 millones de dólares, según datos de la AFIF.

Pero si el pasado de esta industria ha sido brillante, el futuro podría serlo aún más. Boldt explicó que mientras en Europa los consumidores compran flores una media de 38 veces al año, en Estados Unidos la media es tan sólo de 2,5 veces. Por ello, el potencial de crecimiento es todavía enorme.

Informe de la radio

FUENTE 2: Este informe, que se titula "La cocina del futuro", por Viviana Carballo, está basado en un artículo que se publicó en *Nexos*.

La cocina del futuro

La moda afecta todos los aspectos de nuestra vida, no solamente en el vestir con sus variadas formas y colores que cambian cada temporada. La moda evoluciona, se renuevan diseños, la arquitectura, el arte, modelos de autos y, claro está, también en la cocina.

No hay duda de que la gastronomía está de moda. Hablamos de cocina y restaurantes y comemos mientras hablamos de comer. Los ingredientes, hasta ahora considerados raros, se dan a conocer a través de una oferta más amplia, como los diversos tipos de sal o de gelatina que utilizan los chefs para alterar las texturas.

Los estilos o tipos de cocina también evolucionan, desde la tradicional o regional, clásica, étnica, alta, de vanguardia, creativa, conceptual, a la cocina de autor.

Al frente de toda esta nueva gastronomía de tendencias y ensayos está España, marcando las pautas y estableciendo su sensibilidad en el mundo entero.

¿Cómo es que España, madre patria de potajes, cocidos y paellas, ha llegado a esta posición de importancia? Poco a poco. Todo comenzó hace treinta años en la cocina de Juan Mari Arzak en San Sebastián. Inspirado por los pioneros de la *nouvelle cuisine française*, Arzak aplicó los mismos principios a la cocina vasca tradicional. El catalán Ferrán Adriá, declarado el mejor cocinero del mundo por *The New York Times*, entró de lleno en la ecuación de la nueva cocina hace unos quince años revolucionando toda lógica culinaria, creando espumas y aires, y hasta gelatinas calientes.

Tiempos de cocción más cortos, manipulación de texturas, temperaturas y densidades han transformado la tradicional cocina española. Para mí, lo más ingenioso de este movimiento es la actual cooperación entre científicos y cocineros, algo ya común en varios círculos de alta cocina. Los chefs trabajan con los científicos como aliados, como parte de su brigada para ahorrarse el proceso de errores del pasado. De esta asociación, además de los cambios de textura, y otras extravagancias, también han nacido los humos perfumados, bolas de caramelo sopladas como si fueran de cristal, aromas en sprays, aceite congelado, además de burbujas creadas con hielo seco.

Esto no quiere decir que la cocina tradicional haya sido olvidada en España, todo lo contrario. La cocina tradicional ha mejorado muchísimo por la técnica depurada de la nueva generación de chefs.

Muchos de los jóvenes chefs han sido compañeros de estudio o de trabajo y han establecido entre ellos amistades y relaciones de cooperación creando "un aula abierta". Esto no quiere decir homogeneidad en la cocina; paradójicamente este movimiento se ha convertido en lo que se conoce como "cocina de autor". Traducción: los mismos métodos aplicados a ideas originales y exclusivas de cada cocinero.

Y ¿se ha dado cuenta de que en todas partes sirven tapas? España se impone hasta en esta menudencia.

Informe de la radio

FUENTE 2: Este informe, que se titula "Gabriel García Márquez: Una vida para contarla", está basado en un artículo que se publicó en *Ecos*.

Gabriel García Márquez: Una vida para contarla

A penas unas horas después de haberlos puesto en las estanterías, las librerías de Bogotá ya habían vendido más de veinte mil ejemplares del libro de memorias de Gabriel García Márquez, "Vivir para contarla"; aquel día, las librerías ampliaron sus horarios, y hasta un camión que transportaba ejemplares de la autobiografía fue asaltado en plena calle, llevándose los ladrones un buen número de libros.

En español, el lanzamiento del esperado libro de memorias del premio Nobel del Literatura se realizó en forma simultánea el 10 de octubre pasado en Bogotá, Buenos Aires, Barcelona y México, y para esta primera edición se imprimieron un millón de ejemplares.

Este primer libro de memorias de Gabo —así le apodan sus allegados—, consta de 579 páginas en las que recuerda su infancia y su juventud —más o menos hasta el año 1955— y se completará con otros dos volúmenes.

Uno de los principales relatos del nuevo libro es donde cuenta el viaje que hiciera en 1950 con su madre, Luisa Santiaga, de Barranquilla a Aracataca, para vender la casa de sus abuelos con los que vivió hasta los ocho años, cuando divisó desde el tren una finca que tenía escrito un nombre inolvidable: Macondo. Otros relatos de este primer libro narran el proceso de ceguera de su abuela, o su ingreso como redactor en el periódico colombiano *El Espectador*.

La expectativa creada en torno a sus memorias no ha quedado defraudada, toda vez que el escritor cuenta episodios y anécdotas de su vida con el bello tono literario que lo hizo célebre —entre la realidad y la fantasía—, y descubriendo un universo familiar que es personal pero que llega a todos como si fuera el propio. Además, el libro es un recuento de los cambios en la situación política y social de Colombia a través de los ojos de su escritor más querido.

Una vez, hace ya bastantes años, una lectora alemana escribió emocionada a García Márquez diciéndole que las cosas que el contaba en el libro *Cien años de soledad* también pasaban en su pueblo… En fin, como dice el mismo Gabriel García Márquez en el primer párrafo de su nuevo libro: "La vida no es la que uno vivió, sino la que recuerda y como la recuerda para contarla".

Informe de la radio

FUENTE 2: Esta entrevista, "Tenemos nuestro pasado encerrado en recetas de cocina", reproduce partes de una entrevista publicada en la edición digital del periódico español *El Mundo*.

NARRADOR:	Mexicana, nacida justo en la mitad del siglo pasado, la autora de una de las más célebres novelas actuales ha conseguido que el «éxito» de *Como agua para chocolate* no la impida seguir escribiendo de lo que quiere, de sus realidades internas, de sus raíces.
MALE:	Pocas veces una historia de ficción ha llegado a conectar con tanta gente en lugares tan diferentes, pero cuando sucede parece algo milagroso, ¿no?

FEMALE:	Estoy convencida de que cuando una obra artística recibe gran aceptación por parte de sectores amplios de público se debe a la capacidad que tiene la obra de tocar fibras íntimas. Ese poder está más allá de la voluntad de cualquier escritor.
MALE:	¿Ha reflexionado sobre las razones de esa conexión con el público?
FEMALE:	Sí, pero no porque fuera una preocupación prioritaria para mí y estuviera intentando descifrar la receta del «éxito», sino porque las mismas cartas que comencé a recibir de los países en que la novela se iba publicando, me hablaban de cómo habían revalorizado la cocina como un espacio sagrado, de conocimiento de vida y de goce. La gente sintió esa necesidad, esa nostalgia por algo que se nos había perdido: el rito, la ceremonia. Oler, tocar, sentir. Mi novela tocó un punto vital de la crisis que vive actualmente el ser humano, y por eso gustó tanto en culturas tan distintas. Tita planteó un signo que todos sabemos leer, el de lo femenino.
MALE:	Ahora, tiempo después, ¿qué significa para usted esta novela?
FEMALE:	Cambió mi vida, definitivamente. Me di cuenta de que el progreso nos había hecho olvidar quiénes éramos, nos había alejado del contacto directo con la tierra, con nuestro verdadero origen. Estoy convencidísima de que todos tenemos nuestro pasado encerrado en recetas de cocina y que lo que uno es, va a perdurar mientras haya alguien que las esté haciendo. La cocina es un laboratorio de alquimia. *Como agua...* encierra todo eso para mí. Ese deseo de volver a apreciar el hogar, la cocina, el fogón.
MALE:	¿Definiría *Como agua...* como una novela de los sentidos y de los sentimientos?
FEMALE:	Toda la cultura prehispánica está muy presente en mi vida cotidiana. Esta cultura sigue vigente para la gran mayoría de los mexicanos, en nuestra lengua, en nuestra comida, en las fiestas comunitarias, en nuestra interpretación de las religiones, en nuestro trato diario. La principal visión que he heredado de mis antepasados es la idea de que todo quehacer humano tiene un carácter religioso, desde barrer una habitación, hasta beber o comer un alimento en particular, desde las tumbas de los muertos hasta un plato de pozole o un jarro de pulque, desde nuestra manera de amar, hasta la de morir. Mi narrativa es responsable de conservar la memoria de mi cultura, está encargada de recordarme y recordarnos emotivamente de dónde provienen las raíces más profundas de nuestra identidad.

SECTION 16

Informe de la radio

FUENTE 2: Este informe se titula "Mayte Martín. Flamenco en el corazón". Está basado en un artículo publicado en la revista *Ecos*.

Mayte Martín, nacida en Barcelona, ha sorprendido a conocedores y ajenos al flamenco con un disco muy especial que ha grabado hace poco, titulado "Querencia". Se trata de una obra musical extraordinaria, donde la riqueza lírica de su voz y el esmerado trabajo instrumental transportan a un terreno artístico que se resiste a las clasificaciones.

    ¿Cuál es el secreto? Algo muy sencillo, pero a la vez difícil de lograr, como es buscar en el propio corazón, donde se guardan aquellas cosas bellas que no mueren con el tiempo. La cantante lo explica así: "En nuestros días existía la absurda exigencia de modernizarlo todo, aunque hay mucho por trabajar y mejorar de lo que ya existe. Los textos clásicos que ya existen son maravillosos. No comprendo los textos modernos, no me dicen nada, creo que les falta sinceridad. Cuando yo grabo algo, entonces quiero tener algo que decir, por eso he demorado tanto hasta que he vuelto a grabar flamenco".

Su disco anterior, titulado "Muy frágil", se editó en 1994. Ya entonces fue recibida en el mundo musical flamenco como una nueva "cantaora", lo cual no es algo tan fácil de lograr como parece, porque muy pocos poseen el "duende", el encanto que distingue las mejores voces del cante. En 1996 grabó el disco "Free Boleros" con el pianista Tete Montoliu, que le valió, entre otros, el "Premio Ciutat de Barcelona de Música". Hoy vuelve a la escena por la puerta grande, cantando canciones tradicionales que le valieron la nominación al premio "Grammy Internacional" como "Mejor Álbum de Flamenco".

El padre de Mayte vino de Málaga a vivir a Barcelona, donde ella nació en 1965. La magia del sur andaluz siempre estuvo presente en la familia de Mayte: su luz, su calor y la emoción grabada que escuchó en los viejos discos de cantaores y cantaoras. Con cada canción que ella escuchó se dejó guiar hasta que supo que ella también podía manifestar esos sentimientos con su propia voz.

SECTION 17

Informe de la radio

FUENTE 2: Este informe se titula "Campaña en Barcelona para estimular el cultivo de verduras en patios y terrazas". Está basado en un artículo que apareció en la edición digital del periódico *El Mundo*, publicado en España.

Iniciativa de la Fundación Tierra

BARCELONA.– La Fundación Tierra, en colaboración con el Ayuntamiento de Barcelona, ha lanzado una campaña para utilizar los patios, terrazas o balcones de los barceloneses como "huertos urbanos", para cultivar productos naturales para el autoconsumo.

La Fundación Tierra, junto a la concejal de Medio Ambiente de la ciudad, Imma Mayol, ha presentado esta iniciativa pensada para producir pequeñas cantidades de verduras variadas, de forma ecológica y sin la utilización de abonos químicos ni insecticidas.

El huerto urbano, que incluye una mesa de cultivo de 140 x 70 metros, un sistema de riego gota a gota, un programador de riego de agua automático y un sustrato especial, se puede conseguir en la misma fundación por un precio de 200 euros.

Para Jordi Miralles, presidente de la fundación, es muy importante la utilización del sustrato orgánico a base de compuesto. "Con poca profundidad podemos cultivar plantas que de otra forma no podríamos", explicó. Además, ha añadido, "este sustrato posibilita el reciclaje de las basuras para conseguir un compuesto de alta calidad".

Para Imma Mayol, este huerto urbano "permite que no haya una separación tan grande entre la ciudad y el campo y permite a los barceloneses tener un contacto mayor con la naturaleza". Además, con la adquisición del material del huerto, se recibe un manual y asesoramiento para aprender cómo se cultivan las diferentes verduras y donde encargar el material necesario para ampliar el huerto.

También con la colaboración de la concejalía, la Fundación Tierra distribuirá 25 cocinas solares entre diversas escuelas con la finalidad de proveer este tipo de cocina ecológica.

Informe de la radio

FUENTE 2: Este informe, que se titula "Lila Downs: La música de la migración", se basa en un artículo de Francisco Olaso publicado en la revista *Ecos*.

Lila Downs: La música de la migración

por Francisco Olaso

La música de Lila Downs es el mapa de su vida migratoria; inseparable de su historia familiar. Cuando la voz experimenta y juega, uno puede oír al cineasta estadounidense, comunista y nómada, que fue su padre. En los tonos de profundidad serena suena la madre, la india mixteca. Paisajes sonoros de ambos lados del río Grande, la frontera que la cantante mexicana cruza desde que nació; y donde se mezclan lo anglosajón, lo chicano y lo negro de la cultura estadounidense, lo mestizo y lo indio del México moderno, la cumbia y el hip-hop.

La música de Lila Downs oscila entre lo inglés, mixteco, zapoteco y náhuatl. Una mezcla de las palabras que pueblan la tierra entre Oaxaca y Minnesota, los dos polos en los que creció, y donde empezó a escribir canciones. Entre lo indio y lo gringo, su identidad siempre ha sido sinónimo de contraste. En la adolescencia, buscando abrirse al mundo, estudió canto lírico. Abandonó la música clásica cuando le sugirieron que su vestimenta mixteca no iba bien con la ópera. Y si durante la escuela secundaria, en Oaxaca, se pintaba el pelo de rubio, y sentía vergüenza de ser india, a la hora de ir a la Universidad, en los Estados Unidos, necesitó volver a la raíz, buscarse a sí misma a través de su madre. Por eso estudió antropología.

Como antropóloga volvió a Oaxaca, para realizar entre las indias triquis un estudio sobre el textil, un tejido con una gran riqueza de símbolos precolombinos y contemporáneos. El ritual de los tejidos la llevó a preguntarse qué era lo que mejor sabía hacer. Y a encontrar la dirección por la que ahora va su vida.

Ecos de España y Latinoamérica **(E.)–** ¿A través del textil llegas a la decisión de volver a cantar?

Lila Downs (L.D.)– Pienso que sí, porque me enseñó, quizá de una manera no muy consciente, que el que se puede crear un lenguaje propio como persona y como cultura, tiene que tener una razón de ser social. No es nada más yo y mi ego; es más como una textura de la vida. Esto lo pienso cuando compongo. Antes de este acercamiento, yo no tenía claro cómo hacer mis propias canciones.

E.– ¿Le falta algo a la cultura occidental que sí tienen las culturas indias?

L.D.– A todos nos hace falta algo. No es sólo que los indios ofrecemos una cuestión necesaria para occidente. El gran secreto de la vida es ese balance que hay que encontrar. Esa búsqueda es parte del camino. La cultura india significó para mí una riqueza espiritual, porque yo me consideraba atea.

E.– ¿De qué forma es posible ser al mismo tiempo occidental e indio?

L.D.– Es el balance del que hablo. Tratar de tomar las cosas que nos enseña nuestra madre tierra, la madre lengua, la poesía, las metáforas tan hermosas de nuestro país. Y a la vez vivir creyendo en el futuro, transformando la oscuridad en luz, sin mirar tanto las cosas negativas. Hemos sufrido mucho por la colonización, pero las legitimaciones colonialistas ya están gastadas. Yo siento que hay que mirar todo lo que sobrevive hasta este tiempo con celebración.

E.– Alguna vez dijiste que tu música es un homenaje a tu parte india, la más reprimida.

L.D.– En las imágenes de la televisión en donde yo crecí, en el sur de México —lo mismo que ahora—, la gente no se parecía a mí físicamente. No eran morenos, sino de piel blanca y con el pelo rubio. Yo aspiraba también a entrar a ese mundo y me pintaba el pelo de rubio para sentirme mejor. Hasta que me di cuenta de que el problema era conmigo misma, no con el mundo. Esto me da mucha tristeza y trato de pelearlo, porque es una inseguridad creada por el contexto cultural en el que crecemos.

E.– Cantas en castellano, en inglés, en mixteco. ¿De qué forma determina cada lengua, a la hora de componer, esa música que más tarde va a salir?

L.D.– Depende de lo que quiero decir a tal público y del aspecto artístico. Como ha dicho Borges, a veces, aunque él quisiera que saliera un poema, no sale, y en el momento más extraño, cuando va bajando las escaleras, se siente inspirado. Yo creo que así es el arte. Las canciones que tienen algo más de crítica social van dirigidas definitivamente en una lengua, como "This land is your land", basada en la canción de Woody Guthrie, donde se pregunta "¿Cuándo llegaste tú a América?". En el inglés hay que ir así para que recuerden y piensen un poco. El español y el inglés son las lenguas con las que hoy me siento completamente libre para expresarme. El mixteco es una lengua muy difícil de cantar, y en zapoteco he aprendido a cantar ahora. Son lenguas que en realidad no son mías.

E.– ¿Qué significa el hecho de que tu cordón umbilical esté enterrado en tierra mixteca, allí en Oaxaca?

L.D.– Es un símbolo muy fuerte, porque la idea es que siempre se vuelva a ese lugar. Es la parte más física de nuestro camino por este mundo. Los mixtecos somos muy melancólicos. Siempre estamos pensando en la muerte y hablando de ella. En cierta manera, es como la veneración hacia eso que tanto tememos, que es volver a la tierra. Cuando se entierra ese cordón, ya estás empezando a morirte un poco. El concepto de la muerte se vive en cada región de México de una manera distinta. Pero coincidimos en que podemos reírnos y celebrar la muerte de una manera que no se permiten las culturas europeas.

SECTION 19

Informe de la radio

FUENTE 2: Este informe es parte de un artículo que se titula "El abanico: refrescante seducción", por Luisa Moreno-Kirchheim, publicado en la revista *Ecos*.

El abanico: Refrescante seducción

Existe en español una curiosa forma de reprochar a alguien su torpeza de movimientos: "pareces el abanico de una tonta". Esta sencilla expresión revela la importancia que tuvo en otras épocas el manejo del abanico para la imagen de una mujer. Este artilugio de refrigeración tan práctico, limpio y barato desempeñó, además, durante los siglos XVIII y XIX un gran papel como canal de comunicación romántica. Los galanteos amorosos, que en aquel entonces no estaban bien vistos en público, se solucionaban mediante el hábil manejo por parte de la dama de su gran arma de seducción: el abanico.

Origen oriental
En muchos países y desde siempre, el abanico —en sus más variadas formas y materiales— ha servido no sólo como instrumento para aliviar el calor, sino también como un expresivo símbolo de sensualidad, de lujo e, incluso, de poder. Ya en el antiguo Egipto, los siervos de los faraones portaban grandes abanicos de plumas como exhibición de la fastuosidad y el poder de su señor. También en Asia —especialmente en Filipinas, Corea, China y Japón— los abanicos han estado desde siempre presentes como objetos decorativos, de regalo y complemento para las ocasiones más diversas: en las representaciones teatrales y bailes tradicionales, en la ceremonia del té, en las reuniones sociales, etc.

El abanico plegable de forma semicircular procede del Japón. Como muchas otras maravillas de oriente, estos bellos artilugios fueron traídos a Europa por navegantes portugueses, españoles e italianos. Partiendo de Portugal, Italia y España, su uso se extendió al resto de Europa; y en el siglo XVIII, el abanico llegó a ser el complemento indispensable de todas las damas que competían en belleza y distinción en los bailes que se celebraban en las cortes y los salones distinguidos.

El lenguaje del abanico
Los intensos calores del verano y la doble moral son los dos factores fundamentales que justifican la múltiple utilidad que durante siglos se le ha dado al abanico en España. A estos dos factores —el climático y el social— se podrían añadir también otros, como la estética, el gusto por las tradiciones, la coquetería femenina… y masculina.

El lenguaje del abanico surgió como una forma de comunicación entre amantes en aquellos tiempos en los que las jóvenes iban a los bailes acompañadas de su madre —u otro familiar adulto— que vigilaba en todo momento para evitar amoríos poco convenientes que pusieran en peligro el honor —y las posibilidades de un buen matrimonio— de sus hijas. Como "el que hace la ley hace la trampa", tal control dio lugar a este código o lenguaje que se expresaba a través del abanico, y que ha llegado a nuestros días en forma de antiguas postales, cromos y libros de viejo ilustrados.

La cantidad de mensajes que se pueden transmitir con este lenguaje es enorme, y además varía a veces según los países y provincias. Estos mensajes pueden transmitirse utilizando el lenguaje del abanico:

Mover el abanico cerca de la mejilla: Te amo

Abanico abierto sujetando con las dos manos juntas: Olvídame

Abanicarse lentamente: Estoy casada

Indicar con el dedo la parte alta del abanico: Quiero hablar contigo

Todavía hay fuera de España quienes piensan que el lenguaje del abanico aún sigue en uso; siento comunicarles que no es así, y que tampoco cabalga ya "El Tempranillo" por la Serranía de Ronda. En realidad, ahora lo que "mola" es el lenguaje del móvil.

SECTION 20

Informe de la radio

FUENTE 2: Este informe, que se titula "José Martí: 150 Aniversario de su nacimiento", está basado en un artículo que se publicó en *Ecos*.

José Martí: 150 aniversario de su nacimiento

José Martí y Pérez nació el 28 de enero de 1853 en La Habana, en una casa humilde de la calle de Paula; era el único hijo varón del sargento del ejército español Mariano Martí y Navarro, natural de Valencia, y de Leonor Pérez y Cabrera, nacida en Santa Cruz de Tenerife. Con pocos años aprendió las primeras letras en una escuela de barrio, y desde niño empezó a dar señales de ser "alma de progresista". A los diez años escribía con tanta corrección, que su padre pensó que ya podía trabajar como "escribiente". Pero José Martí quería seguir aprendiendo.

En 1865 asistió a las clases impartidas por don Rafael María Mendive, quien influyó poderosamente en la formación de su conciencia patriótica y americanista; con el tiempo estableció una buena relación entre discípulo y maestro, hasta el punto de que cuando el padre de Martí quedó sin trabajo seguro, Mendive premió el talento del muchacho pagándole los estudios hasta el grado de bachiller.

El 10 de octubre de 1868 estalló la guerra contra España —cerca de Yara—, cuya fase inicial se extiende por un periodo de 10 años. El joven Martí se adhiere de inmediato a la causa, y escribe el soneto "10 de octubre". En esta década Martí escribe sus primeros artículos políticos en los periódicos *El Diablo Cojuelo* y *La Patria Libre*.

La poesía lírica de José Martí se puede clasificar en: primero, *Poemas de adolescencia*. Luego le sigue *Ismaelillo*. Este pequeño libro se compone de una hermosa dedicatoria a su hijo José Francisco Martí, a quien llamaba Ismaelillo, nacido en 1878, y de quince poemas. Más tarde aparece *Versos sencillos* con muchas referencias autobiográficas.

La oratoria martiana es totalmente política, pues estuvo al servicio de sus ideales patrióticos, aunque en ocasiones cultivó la oratoria académica, género que le sirvió para influir sobre sus contemporáneos.

El valor de su epistolario constituye una de las facetas más interesantes y valiosas de la obra literaria de Martí. Su epistolario se divide en: cartas que constituyen documentos políticos y de índole personal. La última carta a su madre está considerada como el climax de su epistolario. Fue calificada por Miguel de Unamuno como "una de las más grandes y poéticas oraciones que se pueden leer en español".

En Martí lo autobiográfico aflora no sólo en sus cartas y poemas, sino también en la prosa periodística, la novela y obras para teatro, los discursos; sin olvidar los números de su revista *La Edad de Oro*, escrita para los niños de América.

Sus últimos días

Entre persecuciones y destierros, entre batalla y batalla, José Martí escribe y deja constancia de una vida dedicada a la independencia de su patria. En 1892 forma el Partido Revolucionario Cubano, que será un instrumento de liberación nacional. Crea el periódico *Patria* para redoblar la campaña separatista.

En enero de 1895 regresa a Cuba, y el 24 de febrero estalla la guerra de independencia en diversas provincias de la isla. El 19 de mayo de 1895, Martí dirige a su amigo Manuel Mercado una carta que ha de quedar inconclusa: "… ya estoy todos los días en peligro de dar mi vida por mi país y por mi deber… ". En un sitio que llaman "Boca de dos ríos", cerca de la confluencia de los ríos de Cauto y Contramaestre, al oriente de Cuba, una columna española sorprende a José Martí y lo hiere de muerte. Tenía 42 años.

La misión de su vida ha trascendido su propia existencia, porque las palabras de José Martí siguen siendo guías de conducta, fórmulas de superación individual y colectiva. José Martí representa al líder más ilustre de la historia política cubana; además es considerado uno de los creadores literarios de mayor significado en la lengua española.

ANSWER KEY

UNIT I: Listening Comprehension

Part A: Short Dialogues

Dialogue Number 1, p. 3
1. C
2. A
3. D
4. C

Dialogue Number 2, p. 3
1. A
2. A
3. B
4. C

Dialogue Number 3, p. 3
1. B
2. D
3. C
4. B

Dialogue Number 4, p. 4
1. C
2. B
3. A
4. B

Dialogue Number 5, p. 4
1. A
2. B
3. C
4. D

Dialogue Number 6, p. 4
1. C
2. D
3. C
4. A

Dialogue Number 7, p. 4
1. B
2. A
3. C
4. D

Dialogue Number 8, p. 5
1. B
2. D
3. C
4. C
5. A

Dialogue Number 9, p. 5
1. D
2. D
3. A
4. B

Dialogue Number 10, p. 5
1. A
2. A
3. B
4. D
5. D

Dialogue Number 11, p. 6
1. D
2. D
3. C
4. D
5. B
6. C

Dialogue Number 12, p. 6
1. D
2. C
3. A
4. B
5. B
6. A

Dialogue Number 13, p. 6
1. C
2. D
3. B
4. A
5. A

Dialogue Number 14, p. 7
1. B
2. D
3. C
4. B
5. A
6. A

Dialogue Number 15, p. 7
1. C
2. A
3. B
4. B
5. B
6. C
7. D

Dialogue Number 16, p. 8
1. C
2. B
3. D
4. B
5. C

Dialogue Number 17, p. 8
1. B
2. A
3. B
4. B
5. A

Dialogue Number 18, p. 8
1. C
2. A
3. D
4. B
5. A

Dialogue Number 19, p. 9
1. D
2. A
3. A
4. B
5. A
6. C

Dialogue Number 20, p. 9
1. A
2. D
3. B
4. D
5. D

Dialogue Number 21, p. 10
1. B
2. D
3. A
4. D
5. B
6. C
7. A

Dialogue Number 22, p. 10
1. B
2. C
3. B
4. A
5. B
6. A
7. C
8. B

Dialogue Number 23, p. 11
1. A
2. B
3. A
4. C
5. A
6. A
7. D

Part B: Short Narratives

Narrative Number 1, p. 12
1. C
2. B
3. C
4. C
5. A
6. B

Narrative Number 2, p. 12
1. B
2. C
3. A
4. D
5. B
6. B
7. A

Narrative Number 3, p. 13
1. B
2. B
3. D
4. B
5. A
6. C

Narrative Number 4, p. 13
1. B
2. C
3. C
4. D
5. B

Narrative Number 5, p. 13
1. C
2. B
3. C
4. A
5. C
6. D

Narrative Number 6, p. 14
1. D
2. A
3. C
4. D
5. C
6. B

Narrative Number 7, p. 14
1. C
2. B
3. A
4. C
5. A
6. A
7. D

Narrative Number 8, p. 15
1. D
2. B
3. A
4. B
5. B
6. C

Narrative Number 9, p. 15
1. C
2. B
3. A
4. D
5. C
6. D
7. B

Narrative Number 10, p. 16
1. A
2. A
3. B
4. D
5. C
6. A
7. B

Narrative Number 11, p. 16
1. A
2. C
3. A
4. D
5. D
6. B
7. B

Narrative Number 12, p. 17
1. B
2. D
3. B
4. A
5. A
6. D
7. A

Narrative Number 13, p. 17
1. C
2. C
3. B
4. A
5. D
6. A
7. A

Narrative Number 14, p. 18
1. B
2. B
3. C
4. B
5. A
6. C

Part C: Long Dialogues

Dialogue Number 1, p. 19
1. C
2. D
3. D
4. A
5. C
6. B
7. B

Dialogue Number 2, p. 20
1. D
2. A
3. D
4. B
5. B
6. A
7. B

Dialogue Number 3, p. 21
1. B
2. A
3. A
4. C
5. C
6. A
7. D

Dialogue Number 4, p. 22
1. B
2. A
3. B
4. D
5. C
6. C
7. A
8. B
9. A

Dialogue Number 5, p. 23
1. D
2. D
3. A
4. B
5. B
6. C
7. B
8. A
9. C

Dialogue Number 6, p. 24
1. B
2. C
3. C
4. A
5. B
6. C
7. B
8. C

Dialogue Number 7, p. 25
1. A
2. B
3. D
4. C
5. A
6. C
7. C
8. D

Dialogue Number 8, p. 26
1. B
2. A
3. D
4. C
5. A
6. A
7. D
8. A

Dialogue Number 9, p. 27
1. C
2. A
3. B
4. C
5. D
6. B
7. D
8. A

Dialogue Number 10, p. 28
1. C
2. A
3. B
4. C
5. D
6. B
7. B
8. D

Part D: Long Narratives

Narrative Number 1, p. 29
1. A
2. B
3. C
4. D
5. B
6. C
7. A
8. D

Narrative Number 2, p. 30
1. D
2. A
3. B
4. D
5. C
6. C
7. B
8. A

Narrative Number 3, p. 31
1. C
2. A
3. C
4. D
5. B
6. A
7. C

Narrative Number 4, p. 32
1. A
2. A
3. C
4. A
5. B
6. B
7. D
8. C

Narrative Number 5, p. 33
1. C
2. B
3. A
4. B
5. D
6. A
7. D

Narrative Number 6, p. 34
1. B
2. A
3. D
4. A
5. C
6. B
7. A
8. C

Narrative Number 7, p. 35
1. A
2. A
3. C
4. B
5. B
6. C
7. D
8. A

Narrative Number 8, p. 36
1. D
2. A
3. B
4. C
5. A
6. B
7. A

Narrative Number 9, p. 37
1. B
2. A
3. D
4. C
5. A
6. A
7. C
8. D
9. B

Narrative Number 10, p. 38
1. B
2. A
3. A
4. C
5. D
6. B
7. D
8. C

UNIT II: Reading Comprehension

Section 1, p. 42
1. D
2. A
3. A
4. B
5. C

Section 2, p. 44
1. A
2. A
3. B
4. A
5. B
6. C

Section 3, p. 45
1. C
2. C
3. A
4. D
5. B
6. B

Section 4, p. 46
1. D
2. A
3. D
4. C
5. A
6. A
7. B
8. C

Section 5, p. 47
1. A
2. A
3. B
4. C
5. B
6. A

Section 6, p. 48
1. B
2. D
3. A
4. C
5. C

Section 7, p. 49
1. B
2. D
3. B
4. A
5. A
6. D
7. D
8. C

Section 8, p. 50
1. A
2. C
3. D
4. C
5. A
6. D
7. B
8. A

Section 9, p. 52
1. A
2. A
3. C
4. D
5. A
6. B
7. B
8. C

Section 10, p. 53
1. B
2. A
3. D
4. C
5. A
6. B

Section 11, p. 54
1. A
2. B
3. D
4. B
5. B
6. A

Section 12, p. 55
1. C
2. A
3. B
4. A
5. B
6. A
7. C
8. D

Section 13, p. 57
1. A
2. C
3. C
4. D
5. C
6. B

Section 14, p. 58
1. B
2. A
3. B
4. D
5. C
6. A
7. A

Section 15, p. 59
1. C
2. B
3. A
4. D
5. C
6. C
7. D

Section 16, p. 60
1. A
2. C
3. D
4. B
5. A
6. C
7. D
8. A

Section 17, p. 62
1. A
2. C
3. B
4. A
5. D
6. A

Section 18, p. 63
1. A
2. D
3. A
4. A
5. C
6. A
7. B
8. D

Section 19, p. 64
1. B
2. C
3. A
4. D
5. D
6. B
7. C
8. A

Section 20, p. 65
1. A
2. B
3. D
4. C
5. B
6. A
7. C
8. D

Section 21, p. 67
1. A
2. C
3. A
4. B
5. A
6. C

Section 22, p. 68
1. B
2. D
3. C
4. A
5. A
6. B
7. A
8. A
9. D

Section 23, p. 69
1. A
2. B
3. C
4. B
5. A
6. D
7. D

Section 24, p. 70
1. C
2. A
3. C
4. A
5. A
6. D
7. A

Section 25, p. 71
1. C
2. B
3. C
4. A
5. D

Section 26, p. 72
1. D
2. B
3. A
4. A
5. D
6. B
7. D

Section 27, p. 73
1. A
2. B
3. D
4. A
5. C
6. A
7. C
8. B

Section 28, p. 74
1. A
2. B
3. A
4. D
5. C
6. A
7. B

Section 29, p. 75
1. D
2. B
3. A
4. D
5. C
6. B

Section 30, p. 76
1. B
2. A
3. A
4. C
5. D
6. B
7. A

Section 31, p. 77
1. A
2. B
3. C
4. D
5. C
6. C

Section 32, p. 78
1. D
2. B
3. C
4. B
5. D
6. B
7. A

Section 33, p. 79
1. D
2. B
3. D
4. A
5. B
6. C
7. D
8. C

Section 34, p. 81
1. A
2. C
3. B
4. B
5. D
6. B
7. C

Section 35, p. 82
1. B
2. D
3. D
4. A
5. B
6. C
7. A
8. C

Section 36, p. 84
1. D
2. A
3. B
4. B
5. A
6. C
7. D

Section 37, p. 85
1. D
2. A
3. A
4. A
5. B
6. C
7. A
8. B
9. B
10. D

Section 38, p. 87
1. B
2. C
3. C
4. A
5. D
6. D
7. D
8. C

Section 39, p. 89
1. A
2. D
3. A
4. B
5. C
6. A
7. D
8. A

Section 40, p. 90
1. B
2. C
3. A
4. A
5. D
6. A
7. C

Section 41, p. 91
1. B
2. B
3. A
4. D
5. D
6. A
7. C

Section 42, p. 92
1. D
2. B
3. C
4. A
5. D
6. B
7. C

Section 43, p. 94
1. C
2. B
3. D
4. C
5. A
6. B
7. C

Section 44, p. 96
1. A
2. C
3. A
4. C
5. A
6. B
7. D
8. A
9. A
10. D

UNIT III: Writing

Although the authors have tried to include all possible responses, there may be instances in which other responses are also correct. As this book goes to print, periphrastic constructions will be accepted as answers. Check the College Board website for the latest information.

Part A: Paragraph Completion With Root Words

Section 1, p. 101
1. arraigada
2. otra
3. se sientan
4. tropicales
5. esto
6. nació
7. se sonríen
8. acompaña
9. peregrina
10. nuestro

Section 2, p. 102
1. salir
2. suyos
3. se veían, se habían visto
4. muchas
5. pasaran, pasasen
6. se despidieron
7. presenció
8. quedaron, habían quedado
9. ese
10. venga
11. cuente

Section 3, p. 102
1. llegar
2. se sintió, se sentía
3. hubieran quitado, hubiesen quitado, quitaran, quitasen, estuvieran quitando, estuviesen quitando
4. prefería
5. esta
6. tenía
7. alguna
8. venía, vendría, iba a venir
9. aquel
10. acabar

Section 4, p. 103
1. fuimos
2. celebramos, celebran, estamos celebrando, estábamos celebrando, celebrábamos, están celebrando, íbamos a celebrar, iban a celebrar
3. tocaba, tocó, estaba tocando
4. vieneses
5. era
6. parecían
7. multicolores
8. rítmicamente, rítmica
9. emocionada

Section 5, p. 103
1. me di, me había dado, me estaba dando
2. Había
3. eso
4. era
5. unos
6. otra
7. media
8. pude, había podido
9. iba
10. profundo
11. llegaste, llegas, has llegado

Section 6, p. 104
1. caminando
2. cubierto
3. secas
4. era
5. había
6. abrigadas
7. tejían
8. hermoso
9. se sintieron, se estaban sintiendo
10. sentimentales
11. hubieran regresado, hubiesen regresado, regresaran, estuvieran regresando, estuviesen regresando, regresasen

Section 7, p. 104
1. preguntaras, preguntases, hubieras preguntado, hubieses preguntado
2. ciertas
3. mejorando
4. alta
5. parezca, parecerá
6. este
7. poder
8. ambas
9. tendré, voy a tener
10. ninguna

Section 8, p. 105
1. haber
2. pura
3. Frágiles
4. apareciendo
5. blancas
6. visto
7. dé, haya dado, esté dando, vaya a dar
8. hay
9. mirarse

Section 9, p. 105
1. Hace
2. frágiles
3. alguna
4. fue, era, había sido
5. meticulosa
6. pude, podía, había podido
7. contenían, contendrían
8. una
9. desconocido
10. olvidadas (las cartas), olvidado (el lugar)

Section 10, p. 106
1. gran
2. había
3. traídos
4. algunas
5. sencillos
6. arreglado
7. sentándose
8. venir
9. quiera
10. revuelto

Section 11, p. 106
1. había ido, iba, iba a ir
2. caminando
3. excitada
4. otras
5. puesto
6. recibieran, recibiesen, fueran a recibir, fuesen a recibir
7. corriendo
8. toda
9. pasó, pasara, pasase, hubiera pasado, hubiese pasado
10. dejar
11. fue
12. devuelta

Section 12, p. 107
1. había
2. dirigiéndose
3. pasara, pasase
4. vio
5. entreabierta
6. apareció
7. vestida
8. brillantes
9. se echó

Section 13, p. 107
1. gran
2. Algunos
3. había, habría, iba a haber
4. tantos
5. esa
6. facilitaran, facilitasen
7. sirvieran, sirviesen
8. ningún
9. contribuyeron, habían contribuido
10. fuera, fuese
11. pocos

Section 14, p. 108
1. pudiera, pudiese
2. otra
3. había estado, iba a estar
4. trasbordar
5. salía
6. góticas
7. prohibieran, prohibiesen, hubieran prohibido, hubiesen prohibido

Section 15, p. 108
1. Primer
2. realizará, va a realizar
3. surjan
4. sectores
5. puedan
6. voces
7. promuevan, promoverán, promoverían, van a promover
8. errores
9. dispuestos
10. otros
11. gran
12. los
13. se refiere, se referirá, se referiría
14. construidas

Section 16, p. 109
1. sigue, seguía, está siguiendo, estaba siguiendo
2. intuye, está intuyendo
3. huir
4. los
5. Faltan, Faltaban
6. hubiera llamado, hubiese llamado, llamara, llamase, estuviera llamando, estuviese llamando
7. va, ha ido, está yendo, va a ir, iba a ir
8. continúa, va a continuar
9. proyectado
10. llorando, llora

Section 17, p. 109
1. países
2. Continentes
3. El
4. pusieron
5. varias
6. lo
7. escénicas
8. han recibido, recibieron, reciben
9. el
10. sirvió
11. se dio
12. portugueses
13. recuerdan

Section 18, p. 110
1. era
2. hacer
3. curando
4. había perdido, perdía, perdió, estaba perdiendo
5. levantarse
6. varios
7. Oye
8. fueran, fuesen
9. el
10. respondió

Section 19, p. 110
1. laborales, laboral
2. varían, están variando
3. gran
4. impulsan, han impulsado, están impulsando
5. se analizaba, se había analizado, se analizó
6. vivir
7. las
8. la
9. cambió, ha cambiado, cambia, está cambiando
10. anexas
11. jóvenes
12. respectiva
13. es, será, va a ser, está siendo
14. se mantendrá, se va a mantener

Section 20, p. 111
1. primera
2. acompañando
3. un
4. unos
5. estuviera, estuviese
6. anchas
7. moviendo
8. Era
9. una
10. cuya

Section 21, p. 111
1. llegó
2. huyendo
3. han escrito, escriben, escribieron
4. la
5. caminaba, estaba caminando
6. mercaderes
7. llegados
8. buen
9. recomendaron, recomendó
10. iba, fuera, fuese
11. tartamudeando
12. debía, debería
13. enseña, ha enseñado, enseñó, estuvo enseñando, ha estado enseñando
14. recordarían, recordarán, iban a recordar, irían a recordar
15. misma

Section 22, p. 112
1. las
2. próxima
3. cuyo
4. esa
5. vacíos
6. modelar
7. gran

Section 23, p. 112
1. la
2. primera
3. deslumbrando
4. podían, pudieron, han podido
5. saludando
6. relojes
7. se encontraba
8. popular
9. fue, era
10. una
11. parecían
12. otros

Section 24, p. 113
1. recibió
2. hubiera habido, hubiese habido
3. dijo
4. los
5. saqué, he sacado
6. preste
7. haga, esté haciendo, vaya a hacer
8. dejar
9. fueran, fuesen
10. compuesta

Section 25, p. 114
1. se ha convertido, se convirtió
2. mayores
3. El
4. se refiere
5. fueran, fuesen
6. La
7. suele
8. da, ha dado
9. llevaban, habían llevado
10. comenzaron, comenzó, comienzan
11. marcaran, marcasen, fueran a marcar, fuesen a marcar
12. sea
13. se incorporó, se incorpora
14. mirones
15. puedan

Section 26, p. 115
1. hablar
2. acostumbraba
3. había puesto, ponía, puse
4. era, sería, iba a ser
5. una
6. entrara, entrase, estuviera entrando, estuviese
   entrando, fuera a entrar, fuese a entrar
7. fuera, fuese, fueran, fuesen
8. conocía, había conocido
9. esta
10. cualquier
11. decía, hubiera dicho, hubiese dicho

Section 27, p. 115
1. la
2. piensa
3. todo
4. incluyendo, incluso, incluido
5. jóvenes
6. han descubierto, descubrieron, están descubriendo
7. quienes
8. ser
9. integra, ha integrado, está integrando
10. otras
11. esta
12. contribuye, está contribuyendo
13. capaces
14. funcionen
15. razones

Section 28, p. 116
1. hagan, vayan a hacer
2. tercer
3. fuertes
4. cualquier
5. primer
6. recorriendo
7. alcancé
8. sería, era, iba a ser
9. alcanzar
10. detuvo

Section 29, p. 116
1. reciente
2. era, había sido
3. quienes
4. se dieron, se han dado, se habían dado
5. hubiera sido, hubiese sido, habría sido
6. se encuentran
7. variados
8. incluir
9. gran
10. impuso, imponía, había impuesto
11. voces
12. se ha nutrido, se nutre, se nutrió, se nutría,
    se había nutrido
13. una
14. sirvió, ha servido, sirve, había servido
15. recreara, recrease

Section 30, p. 117
1. baja
2. dejar
3. Soy
4. Levántese
5. tomando
6. encendió
7. ese
8. hay
9. lanzó
10. interrumpidas

Section 31, p. 118
1. primero
2. pondrá, va a poner
3. podrán, podrían, pueden
4. boletines
5. prevenir
6. peatones
7. dé
8. se suben
9. los
10. cometan, estén cometiendo
11. vez
12. propondrá
13. suelen
14. conduzcan, conducen, estén conduciendo, están conduciendo
15. detecte

Section 32, p. 118
1. Los
2. una
3. graciosas
4. atraída
5. cuya
6. favorito
7. saldrá, va a salir
8. un
9. contando

Section 33, p. 119
1. llegó
2. fue
3. se convirtió
4. quienes
5. luchaban, lucharon, estaban luchando, estuvieron luchando
6. tempranas
7. nadaba, estaba nadando
8. perdieron, habían perdido
9. sospechando
10. falsa
11. era, estaba siendo
12. el
13. echaban, estaban echando, estuvieron echando
14. los
15. sobreviva, vaya a sobrevivir

Section 34, p. 120
1. ningún
2. tantos
3. terminar
4. me dediqué, me dedicaba, iba a dedicarme
5. todas
6. dio
7. contratando
8. unos
9. era
10. bueno

Section 35, p. 120
1. faltan
2. Recuerda
3. debes
4. molestas
5. grandes
6. especialmente
7. los

Part B: Paragraph Completion
Without Root Words

Although the authors have tried to include all possible responses, there may be instances in which other responses are also correct.

Section 1, p. 122
1. del
2. con
3. edad
4. de
5. la
6. la, una
7. sino
8. lo
9. sacar, tomar
10. por, de, en
11. quienes, que

Section 2, p. 123
1. obra
2. cuanto
3. el
4. medio
5. como
6. para
7. por, durante
8. con
9. tortuga
10. Esto, Eso, Esta, Esa

Section 3, p. 123
1. se
2. el
3. que
4. para
5. a
6. lo
7. poco
8. sino
9. gana

Section 4, p. 124
1. da, mete, causa
2. se
3. como
4. de
5. Si, Aunque
6. con
7. mira
8. a
9. al
10. en

Section 5, p. 124
1. al
2. de, sobre
3. se
4. Esa, Esta
5. lo
6. en
7. durante, a
8. nadie, ninguno
9. ni, excepto
10. sobre

Section 6, p. 125
1. del
2. escala
3. de
4. te
5. abiertos
6. cabo, final
7. de

Section 7, p. 125
1. a
2. con, a
3. estoy
4. Estoy
5. hasta
6. al
7. ha, han, había, habían
8. los, sus
9. el
10. Con, Sin
11. salía, salió, escapó, escapaba

Section 8, p. 126
1. el
2. busca, pos
3. con
4. suya
5. porque
6. han
7. sino
8. que
9. para
10. serán, serían
11. hace
12. Se
13. los
14. según

Section 9, p. 126
1. les
2. cabo
3. uno, cualquiera
4. eso, esto, ellos, nadie
5. modo
6. hoy, cada
7. casi
8. han

Section 10, p. 127
1. un
2. más, alrededor
3. con, para
4. como
5. el
6. han, habían
7. y, u

Section 11, p. 127
1. de, en
2. dio
3. para
4. por
5. fueron
6. y
7. entrar
8. a, en
9. los, les
10. sí

Section 12, p. 128
1. unas, casi
2. Lo
3. pusimos
4. nada, no, nunca
5. cosa, algo, cuestión, asunto
6. aunque
7. hubiera, hubiese
8. cualquiera, uno
9. para
10. de
11. hasta, incluso, aun
12. o, y

Section 13, p. 128
1. las
2. para
3. con, a
4. embargo
5. los, unos, algunos, ciertos
6. a, por
7. lo
8. en
9. de

Section 14, p. 129
1. con
2. uno
3. de, para
4. su, el, ese, este
5. en, con
6. para

Section 15, p. 129
1. de
2. lo
3. simple, primera
4. que
5. sobre, ante
6. muchos, algunos
7. que, donde
8. el
9. se
10. al
11. quienes, que
12. para, por, hasta

Section 16, p. 130
1. en, de
2. para, sino
3. sin
4. de, durante, en, por
5. lo
6. de
7. que, quienes
8. nadie, ninguna
9. en
10. o
11. han
12. con

Section 17, p. 131
1. del
2. la
3. ha
4. habla
5. hasta, a
6. la
7. El
8. todavía, aún
9. al
10. que
11. entre

Section 18, p. 132
1. en, con
2. del, de
3. se
4. a, en, hacia
5. el
6. de
7. por, de

Section 19, p. 132
1. para
2. la
3. están, van
4. a
5. rumbo, camino
6. otros, demás
7. con, y
8. uno, alguien, otro, alguno
9. el, un
10. arte, cosa
11. su, una, la

Section 20, p. 133
1. como, en
2. de
3. por, de, con
4. por
5. del, el
6. hecho
7. con
8. largo
9. en, de
10. han
11. entre, y

Section 21, p. 133
1. fuerzas, ganas
2. el, ese
3. se
4. darse
5. hicieron
6. suyos
7. el, su
8. para, al
9. a
10. se, le

Section 22, p. 134
1. alguna
2. cualquier
3. peso
4. más
5. en
6. falta
7. hacer
8. cuenta, mente
9. supuesto, eso

Section 23, p. 134
1. de
2. caso
3. dio
4. sin, para, y
5. El, Este, Un
6. desde, de
7. cuesta, cueste
8. sí
9. su
10. a
11. par
12. una, con

Section 24, p. 135
1. dar, darle
2. con
3. si
4. cuenta
5. como
6. sin
7. con, a
8. en
9. del

Section 25, p. 135
1. del
2. por
3. Con, Por
4. fueron, quedaron
5. y
6. lo
7. vía
8. de
9. que, cual
10. por

Section 26, p. 136
1. han
2. cuales
3. unos, los
4. hace
5. con
6. fue
7. hasta
8. lo
9. Se, Ellos
10. para

Section 27, p. 136
1. poner, fijar
2. el, un
3. ha, había
4. alguna, ninguna
5. un, el
6. por
7. hasta
8. que
9. de
10. por, y
11. de, con
12. tomar, sacar, tirar
13. el, un
14. fue

Section 28, p. 137
1. se
2. suyo
3. hace
4. han
5. quién
6. vez
7. fue
8. Ha
9. que
10. echa, echaba
11. con
12. siente, considera, ve
13. con, de, mucho
14. cabe, queda

Section 29, p. 137
1. hace, por
2. plana
3. pesar
4. e
5. para
6. hacen, duermen, echan, toman
7. el
8. van, salen
9. cuenta
10. y

Section 30, p. 138
1. para
2. mío
3. Durante, En
4. pero
5. sino
6. estar, ponerme
7. día
8. al
9. quién
10. se
11. la
12. mí
13. por
14. nadie

Section 31, p. 139
1. hacer
2. hace
3. miel
4. vez
5. dar, hacer
6. Sin
7. al
8. era
9. alguien
10. pero
11. alguna, ninguna
12. qué

Section 32, p. 139
1. se
2. ha
3. con, de
4. contar
5. en
6. falta
7. nada
8. cuestión, particular
9. prensa, radio
10. pista
11. cual
12. día

Section 33, p. 140
1. Hace
2. quien
3. le
4. como
5. se
6. largo
7. en
8. propias, mismas
9. los, les, nos

Section 34, p. 140
1. a, en, por
2. que
3. con, a
4. a
5. todo
6. para, en
7. desde, en
8. por, en
9. por
10. se

Section 35, p. 141
1. de
2. pena
3. frente, ante, junto
4. ha
5. el
6. se
7. suyo, merecido
8. durante, de
9. el
10. tener, el, su
11. menos
12. poner
13. hace, deja
14. qué

Section 36, p. 142
1. a
2. para
3. segunda
4. para
5. las
6. por, con
7. la
8. una
9. al, con
10. a, para
11. donde
12. Tanto

Section 37, p. 143
1. a
2. peligro, riesgo
3. largo
4. de
5. que
6. con
7. quien
8. se
9. su
10. ha

Part C: Informal Writing

Answers will vary. For the latest rubrics and sample student responses, visit AP Central (www.collegeboard.com).

Part D: Formal Writing (Integrated Skills)

Answers will vary. For the latest rubrics and sample student responses, visit AP Central (www.collegeboard.com).

UNIT IV: Speaking

Part A: Informal Speaking (Simulated Conversation)

Answers will vary. For the latest rubrics and sample student responses, visit AP Central (www.collegeboard.com).

Part B: Formal Oral Presentation (Integrated Skills)

Answers will vary. For the latest rubrics and sample student responses, visit AP Central (www.collegeboard.com).

Sources

UNIT I Listening Comprehension

Part B Short Narratives

p. 19 (Narrative Number 1): "El gazpacho" by Virginia Azañedo © *Ecos de España y Latinoamérica*, May 2001, www.ecos-online.de. Used by permission.

p. 20 (Narrative Number 3): "Mexico: El enigma de las carreteras mayas" by Bernd Kubisch © *Ecos de España y Latinoamérica*, www.ecos-online.de. Used by permission.

Part D Long Narratives

p. 44 (Narrative Number 1): "De mercado a mercado" by Victor Englebert © *Ecos de España y Latinoamérica*, www.ecos-online.de. Used by permission.

p. 45 (Narrative Number 2): "Pau Casals" by María Lluïsa Selga © *Ecos de España y Latinoamérica*, www.ecos-online.de. Used by permission.

p. 47 (Narrative Number 3): "La papa, tesoro de los Andes" by Anita von Kahler Gumpert. Américas, Vol. 38, No. 3, May–June 1986, pp. 35–36.

p. 48 (Narrative Number 4): "La Feria de Abril de Sevilla" from *Geomundo*.

p. 49 (Narrative Number 5): "Mujeres de la independencia" by Evelyn M. Cherpak. Américas, Vol. 39, No. 2, March–April 1987, pp. 32–37.

p. 51 (Narrative Number 6): "Los mariachis: de Guadalajara a El Paso" © *Ecos de España y Latinoamérica*, www.ecos-online.de. Used by permission.

p. 52 (Narrative Number 7): "Alimento de los dioses" by Lorna J. Sass. *Américas*, Vol. 37, No. 3, May–June 1985, pp. 8–12.

p. 53 (Narrative Number 8): "Los indios kuna: Un enigma en el Caribe panameño" by Corinna Schlüter-Ellner © *Ecos de España y Latinoamérica*, www.ecos-online.de. Used by permission.

p. 54 (Narrative Number 9): "La cultura chinchorro: Las momias del norte de Chile" by Alejandra Valdés © *Ecos de España y Latinoamérica*, www.ecos-online.de. Used by permission.

p. 56 (Narrative Number 10): "Del radar a la naturaleza" by John Mitchell from *Américas*, a bimonthly magazine published by the General Secretariat of the Organization of American States (OAS). Used by permission.

UNIT III Writing

Part D Formal Writing

p. 58 (Section 1): (top) "Costa Rica: Educar para progresar" © *Ecos de España y Latinoamérica* February 2005, www.ecos-online.de. Used by permission. (bottom) "Comentario" © *Ecos de España y Latinoamérica* August 2001, www.ecos-online.de. Used by permission. (Section 2): "Negritudes alerta" from *Semana* November 15, 2005.

p. 59 (Section 3): (top) "Problemas para encontrar trabajo" © *Ecos de España y Latinoamérica* July 2002, www.ecos-online.de. Used by permission. (bottom) "Los jóvenes recibirán ayudas para el alquiler"© *Ecos de España y Latinoamérica*, www.ecos-online.de. Used by permission.

p. 60 (Section 4): "Rosario Marín, la mexicana que firma dólares" © *Ecos de España y Latinoamérica* February 2003, www.ecos-online.de. Used by permission. (Section 5): (top) "Las cruces de mayo en Córdoba" © *Ecos de España y Latinoamérica* June 2003, www.ecos-online.de. Used by permission. (bottom) "Procesiones de Corpus son tradiciones renovadas" © *Ecos de España y Latinoamérica* May 2003, www.ecos-online.de. Used by permission.

p. 61 (Section 6): "Perú: Hallan la ciudad más antigua de América" © *Ecos de España y Latinoamérica*, www.ecos-online.de. Used by permission. (Section 7): "Ejemplo mundial" from *Semana*, August 8, 2005.

p. 62 (Section 8): "Hay que perderle el miedo a la ciencia" from *Semana*, August 1, 2005.

p. 63 (Section 9): "Patrimonio en descuido" by Alex Batista from El Caribe, www.delcaribecdn.com

p. 64 (Section 10): "La médica de los sin techo" by Francisco Olaso © *Ecos de España y Latinoamérica* March 2004, www.ecos-online.de. Used by permission. (Section 11): "Panamá: Sin bosques no hay Canal" © Ecos de España y Latinoamérica June 2005, www.ecos-online.de. Used by permission.

p. 65 (Section 12): "Ejecución parcial en Ley de Idiomas" by Leslie Pérez, *Prensa Libre* November 28, 2005.

p. 66 (Section 13): "La poeta Ana Belén Rodríguez de la Robla" by Juan Ramón García Ober © *Ecos de España y Latinoamérica* July 2002, www.ecos-online.de. Used by permission.

p. 67 (Section 14): "El chile" by Laura B. Caraza Campos from *México desconocido*, October 2005. (Section 15): "Fueron alumnos excelentes, quieren ser los mejores maestros" by Alejandra Toronchik from *Clarín*, November 27, 2005.

p. 68 (Section 16): "Conservacion internacional…" from www.conservation.org.

p. 69 (Section 17): *La sombra del viento* by Carlos Ruiz Zafón © 2003, Carlos Ruiz Zafón and Editorial Planeta, S.A.

UNIT IV Speaking

Part B Formal Oral Presentation

p. 88 (Section 1): "Venezuela: Obras de arte en los muros de Caracas" © *Ecos de España y Latinoamérica*, www.ecos-online.de. Used by permission. (Section 2): "Argentina: Ante la crisis, creatividad" © *Ecos de España y Latinoamérica*, July 2003 www.ecos-online.de. Used by permission.

p. 89 (Section 3): "Daniel Barenboim y la Orquesta West Eastern Divan" by Monica Rittershaus © *Ecos de España y Latinoamérica* November 2002, www.ecos-online.de. Used by permission.

p. 90 (Section 4): "Las mascotas no son juguetes" by Mario Diaz from www.abc.es December 17, 2005. (Section 5): "Las telenovelas cohesionan la lengua" from www.elcastellano.org.

p. 91 (Section 6): "Bogotá se ha convertido en destino obligado do los turistas en Colombia." from *Cambio*, August 2, 2004.

p. 92 (Section 7): "Rosario Flores: Con su luz propia" © *Ecos de España y Latinoamérica*, May 2003, www.ecos-online.de. Used by permission. (Section 8): "Cocinas solares: Rayos de transformación" by Darwin O'Ryan Curtis y Louise Meyer reprinted from *Américas*, a bimonthly magazine published by the General Secretariat of the Organization of American States (OAS). Used by permission.

p. 93 (Section 9): "María Pagés: Tradición y modernidad" © *Ecos de España y Latinoamérica* November 2002, www.ecos-online.de. Used by permission.

p. 94 (Section 10): "Versos sin letra... " from *Semana*, August 8, 2005.

p. 95 (Section 11): "El español en Estados Unidos (Entrevista)" © *Ecos de España y Latinoamérica* September 2003, www.ecos-online.de. Used by permission.

p. 96 (Section 12): "Colombia adorna el mundo con flores" by Gregori Dolz Kerrigan from American Airlines *Nexos*.

p. 97 (Section 13): "La cocina del futuro" by Viviana Carballo from American Airlines *Nexos*.

p. 98 (Section 14): "Gabriel García Márquez: Una vida para contarla" © *Ecos de España y Latinoamérica* December 2002, www.ecos-online.de. Used by permission. (Section 15): "Esquivel: «Tenemos nuestro pasado encerrado en recetas de cocina»" by Emma Rodriguez from www.elmundo.es, March 14, 2001.

p. 99 (Section 16): "Mayte Martín: Flamenco en el corazón" © *Ecos de España y Latinoamérica*, August 2002 www.ecos-online.de. Used by permission.

p. 100 (Section 17): "Campaña municipal en Barcelona" from www.elmundo.es 2003.

p. 101 (Section 18): "Lila Downs: La música de la migración" by Francisco Olaso © *Ecos de España y Latinoamérica* May 2003, www.ecos-online.de. Used by permission.

p. 102 (Section 19): "El abanico: Refrescante seducción" by Luisa Moreno-Kirchheim © *Ecos de España y Latinoamérica* August 2002, www.ecos-online.de. Used by permission.

p. 103 (Section 20): "José Martí: 150 aniversario de su nacimiento" by Omilia Soria © *Ecos de España y Latinoamérica* January 2003, www.ecos-online.de. Used by permission.

Note: Every effort has been made to locate the copyright owner of material reprinted in this book. Omission brought to our attention will be corrected in subsequent editions.